Bibliotheca graffitina

Elokuvakäsikirjoitus

Joni Järvi-Laturi

Kirjailijan esittely

Olen Joni Järvi-Laturi. Olen 28-vuotias mies ja asun Hervannassa, Tampereella. Rakastan musiikkia, elokuvia seurassa sekä englanninkielistä runoutta, kerään englanninkielisiä runokokoelmia ja kirjoitan ulkomaalaisille internetissä oppiakseni kielistä ja kulttuureista. Olen kirjoittanut pian viidessä vuodessa kymmenen kirjaa.

FSC
www.fsc.org
MIX
Paperi vastuul -
lisista lähteistä
Paper from
responsible sources
FSC® C105338

Kannen kuvan on ottanut Laura Malinen.

© 2017 Järvi-Laturi, Joni
Kustantaja: BoD – Books on Demand, Helsinki, Suomi
Valmistaja: BoD – Books on Demand, Norderstedt, Saksa
ISBN: 978-951-568-086-0

Kirjailijan esipuhe

Olen halunnut kirjoittaa tämän kirjan ilmaistakseni tunteeni Sopimusvuoren
Verstaasta, 2010-luvusta sekä ihmisistä joita olen tavannut, Verstaalta saamieni
elämänkokemusteni myötä. Kuvaan Verstaan inhottavia puolia, yhtä lailla kuin
sen kauniita ja ihania puolia. Kirjoitin tämän kirjan, en pääsääntöisesti siksi,
että haluaisin kostaa Verstaalle vanhoista kaunoistani, vaan siksi että halusin
kuvata jotain definitiivisen todellista 2010-luvusta ja nuoruuteni kokemuksista.
Halusin luoda kauniin tragedian, elokuva-klassikon, joka jäisi ihmisten mieliin
2010-lukua peilaavana ajankuvana.

Toki haluan myös herättää keskustelua yhteisöllisyyden ja yhteisöjen pimeistä
puolista, siitä miten yhteisöissä saatetaan kieltää eriävät näkemykset totuudesta,
kohdella eri ihmisiä eri tavoilla, yhteisön sääntöjen vastaisesti etc. Mutta toivon
että nautitte lukukokemuksesta, sillä teoksessa on niin paljon syvältä
sisimmästäni, sydämestäni kumpuavaa kerrontaa, etten ole aikaisemmin
elokuvan muotoon saanut näin syväluotaavaa kuvaa ajasta ja elämästä.

Olen huomannut viime aikoina 2010-luvun ihanuuden, sen nostalgian, sen
legendaarisuuden, Suomessa. Tämä kirja olkoon sydämeni pisara siitä ajasta.

PS. Hyviä elokuvahetkiä teokseni parissa!

Joni Järvi-Laturi, 17.5.2017, Tampereella

PIMEÄ RUUTU.

Samalla kun Bedrich Smetanan Moldaun
alku soi hitaasti taustalla.

EXT. TALLINNA. MYÖHÄISILTA. 2018.

Tallinna näkyy kuvassa lintuperspektiivistä
samalla kun Bedrich Smetanan Moldau soi taustalla.
Autot ajavat, valot loistavat katuja ja
rakennukset näkyvät pilkehtivine ikkunoineen
taustalla. Tallinnasta muodostuu mystinen
kuva ja sen pimeydessä pilkahtavista
valoista jää jäljelle nuoruuden
jano katsojan tajuntaan.

INT. PIMEÄ TOIMISTOHUONE. YÖ. 2019.

Dokumentissa haastatellaan Kävyn nuoria.

VILLE
Muistan ensimmäisen ja rakkaimman
muistoni toimintakeskus Kävystä. Se oli
vuonna 2009. Me kävelimme metsäpolulla
joka nousi loivasti ylöspäin. Jonne käveli
liian nopeasti ja Tytti oli hänen takanaan.
Tytti valitti Jonnelle sitä että hän käveli
liian nopeasti. Hän ei pystynyt saavuttamaan
Jonnea.

EXT. METSÄPOLKU. 2009.

Tytti kävelee metsäpolulla Jonnen takana.

TYTTI
Hidasta. Hidasta nyt, Jonne.

Jonne kuulee hänen mutta kävelee eteenpäin.

TYTTI
Voi perkele.

Jonne kävelee edelleen Tytin edellä.
Tytti laahustaa hänen takanaan.

Kävelyä kestää neljä minuuttia.
Kunnes he saapuvat rinteen
harjulla sijaitsevalle leirintä-alueelle.

VILLE
Sitten me kokoonnuimme käpyläisinä
metsään. Kaikki olivat saapuneet sinne.

JUHANA
Kävyn alkuaika oli, kuten Jonne kerran
totesi kuin lapsuus nuoruuden alun sisällä.
Kaikki puhalsivat yhteen hiileen. Toki
Jonnea kiusattiin silloin Kävyssä. Mutta
Käpy oli kuin jotain muumimaailmaa, unta
elämän todellisuuden sisällä. Siitä on nyt
kymmenen vuotta. Käpy ei enää tunnu unelta
monelle. Mutta meille se tuntui silloin unelta.
Se oli kuin unta, se oli kuin fantasiaa jossa
saimme olla tähtiä. Muistan toisenkin muiston.
Jonne, Ville, Petra ja Noora, me nelistään
kävelimme pitkin Tammelan katuja. Käpy
sijaitsee Tammelassa. Minä ja Jonne tupakoimme
silloisen kerrostaloni tupakkahuoneessa.
Se taisi olla vuosi 2012. Petra jopa puhui
Jonnelle.

INT. TUPAKKAHUONE. 2012. ILTA.

Juhana ja Jonne polttavat tupakkaa
kerrostalon tupakkahuoneessa. He
eivät puhu toisilleen mitään. He ovat
sympaattisen hiljaa toisilleen.

EXT. JALKAKÄYTÄVÄ. 2012. ILTA.

Ulkona nelikko kokoontuu.

PETRA
Hei, Jonne. Voitko antaa tupakkaa?

JONNE
Toki. Tässä.

Jonne antaa viattomalle Petralle
tupakkaa askistaan.

He kävelevät kohti baaria.

JUHANA
Sitten baarissa Jonne lähti sieltä
yllättäen. Hän inhosi baareissa käyntiä.
Piti niitä tukalina ja ahdistavina paikkoina.

Seinässä näkyy koskettava ja valtava
kuvakollaasi Kävyn vuosista 2009-2012. Eri
aikoja, eri kasvoja, eri paikkoja, eri tapahtumia.
Kaikki näytetään hymyilevinä, leikkimielisinä,
juhlivina.

INT. BAARI. MYÖHÄISILTA. 2018.

Tuntematon miespuolinen
hahmo katsoo baarin televisiosta
virolaista uutislähetystä viskilasi
kädessään. Baarissa on vain
kourallinen asiakkaita.

Baari sijaitsee Tallinnassa.

UUTISJUONTAJA
Suomalainen kansanedustaja
ja tosi-tv-tähti Linnea Paasikivi
vierailee Tallinnassa, lokakuusta tammikuuhun.
Hän tapaa merkittäviä kulttuurillisia ja poliittisia
vaikuttajia, joiden kanssa hän aikoo keskustella
Suomen ja Viron tulevaisuudesta sekä suhteista.
Paasikivi on Suomen hallituksen luottohenkilö
Baltian maissa ja tunnettu keskusta-oikeistolainen
hahmo Suomen politiikassa.

Klipissä näytetään Linnea Paasikiven kuvaa.
Hänellä on platinablondit hiukset, punaisiksi
värjätyt huulet sekä aurinkolasit.

INT. TOIMISTO TALLINNASSA. MYÖHÄISILTA. 2018

Ulkona on kova myrsky. Sen
kuulee

Television uutisraportissa kerrotaan että
myrsky, joka on Ruotsin kautta saapunut
Tallinnaan, ei tule laantumaan seuraavien
viikkojen aikana.

Ruutuun ilmestyy teksti:

6. lokakuuta, 2018, Tallinna.

Mika Varis, maltillinen, hellän diplomaattinen,
mies jolla on viikset ja laiha olemus.
katsoo toimistonsa sälekaihtimien

välistä ulos pimeään iltaan. Kaduilla näkyy
nuoria miehiä. Toimisto on avara ja täynnä sinistä
valoa. Se on korkealla yhdeksännessä kerroksessa.
Mika Varis on rehellinen ja aikuismaisen lempeä,
rauhallinen mies, joka puhuu hellällä ja ymmärtävällä
äänellä.

Hän alkaa sanella pieneen,
mustaan nauhuriinsa.

MIKAN ÄÄNI
On vuosikymmenen loppu. Pian alkaa 2010-luvun
viimeinen vuosi. Dokumentti jota aion tehdä kertoo
tamperelaisesta toimintakeskus Kävystä, joka aloitti
toimintansa vuonna 2009 ja pyörii tähän päivään asti.
Kävyn ex-kävijä Jonne Malmi on pyörinyt pitkään
Tallinnan alamaailmassa mutten ole saanut häntä
kiinni, kuten eivät ole muutkaan. Hänen huhutaan
pian surmaavan kansanedustaja Linnea Paasikiven,
joka on Tallinnassa vierailulla. Siksi matkustin
tänne Tallinnaan. Tietyt Tallinnan alamaailman tahot
ovat myös vahvistaneet minulle tiedon Jonnen
salamurha-aikeista. Olen saanut tietoa
Jonnesta, hänen liikkeistään Tampereella ja Tallinnassa
sekä kirjan hänen erikoisista armeija-ajoistaan, kirjan
jonka painatti ystäväni Tallinnassa kolme viikkoa sitten.
Tietenkin minun tehtävänäni on estää Jonne Malmi
surmaamasta Linnea Paasikivi sillä kukaan muu
ei aio sitä tietojeni mukaan tehdä.
Linnea oli ennen Olli-Pekka Paasikivi. Hän teki
sukupuolenkorjausleikkauksen vuonna 2015.
Katson löytämääni valokuvaa päiväkodin ryhmästä,
päiväkodin jota Jonne Malmi kävi vuosina 1992-1995.
Olli-Pekka toimi silloin lastentarhanopettajana kun
Jonne oli vasta kuusivuotias.

EXT. TALLINNA. YÖ. 2018.

Kuvataan sadetta, joka romanttisesti valuu
pitkin räystäitä ympäri Tallinnaa.

INT. TALLINNAN TOIMISTO. YÖ. 2018

Mika Varis kirjoittaa seitsemännen kerroksen asunnossaan.
Sitten hän puhuu nauhuriinsa kävellen huoneen sisällä
nurkasta toiseen. Tämän jälkeen hän puhuu omaan mikrofoniin.

MIKAN ÄÄNI
Tämä dokumenttielokuva kertoo

toimintakeskus Kävystä.
Käpy on väylä paikkoihin, väylä ajan sykleihin,
jolloin ne näkyvät värikkäämpänä kuin koskaan ennen.
Käpy on väylä lukemattomien ihmisten kohtaamisiin,
tragedioihin, rakkauksiin, komedioihin ja
ihanaan hulluuteen, sairaan kauniiseen elämään.
Käpy on väylä ajan kerrosten paljouteen, ajan
jonka kertomuksessa peilataan jatkuvasti elämän
suurta kertomusta taaksepäin kertomuksen
kulkiessa jatkuvasti eteenpäin kohti
tulevaisuutta. Kuin ajan kaunis meri joka huuhtoutuu
tilan ja paikan rantaan. Tämä on Bibliotheca graffitina.
Kirjasto graffitina. Eli graffitien kirjasto. Lisään
siihen vielä seinäkirjoitukset, seinäkaiverrukset
ja maalaukset, päiväkirjat, laululyriikat,
kirjoitukset muistoina, sekä reliikkinä vanhasta ajasta,
samalla kun uusi aika huuhtoutuu jatkuvasti
eteenpäin, määrittäen menneisyyttä.

Mika kävelee ympäri huonetta nauhuri kädessään.

MIKAN ÄÄNI
Minulla on siis Käpy-tutkimus mutta
myös Jonne-tutkimus. Mutta puhun nyt Käpy-tutkimuksesta.
Minulla on teoria siitä että arjen takana on toinen ulottuvuus.
Minun tutkimukseni aiheena on kuvata tuota ulottuvuutta
tarkasti. arjen paikat ja näen niiden ympäröivän
ulottuvuuden. Tiedän sen että nämä ns. hörhöt, nämä
hullut tietävät paljon henkisistä asioista, henkimaailman
asioista. On kuin ulottuvuudessa olisi
todellisuutta jota ei voisi helposti kommunikoida
ja tämä on minun tutkimukseni aiheita myös.
Ulottuvuus on kuin oma salainen kohtansa, mitä
siellä piilee? Osaanko tehdä tästä tutkimusta, vai pystyykö
tästä tekemään tutkimusta. Osaanko luodata todellisuuden
tuolla puolen sijaitsevaan ulottuvuuteen?

Mika kulkee eri suuntiin huoneessa.

MIKAN ÄÄNI
Mitä arjen salatussa ulottuvuudessa
kaikkien näiden vuosien aikana tapahtui? Sanotaan että kuva
kertoo enemmän kuin tuhat sanaa, itse toteaisin että valokuvat
ja taustamusiikki kertoivat jostain elämää suuremmasta, keksin
tälle nimen, eli Bibliotheca graffitina. Minä haluan matkata tuohon
ulottuvuuteen 2010-luvulla sillä se on jo loppu kun kerron tätä. Onko
tämä jokin naisen salaisuus, ajan kulku?

Alhaalla rappusista kuuluu askelten tominaa.

                    MIKA
            Hei, kuka siellä?

                    TONI
            Toni.

                    MIKA
            Kuka Toni?

Salaperäinen mieshahmo astuu huoneeseen.

                    TONI
            Käpyn kävijä, Toni.

Seinällä näkyy valokuva Käpy-yhteisöstä
Virossa. Mika katsoo sitä.

                    MIKA
            Tervetuloa. Teen dokumenttia
            toimintakeskus Käpystä.

                    TONI
            Joo, toivon että siitä tulee
            hyvä, on kiva osallistua
            siihen.

                    TONI (c'ntinued)
            Ulkona myrskyää, sen takia
            tulin tänne. Tiedän että olet
            täällä, muttei kukaan muu
            tiedä.

                    MIKA
            Tiedän sen kyllä. Olen nähnyt
            sinut Tampereella parissa
            paikassa.

                    TONI
            Pitkäniemessä?

                    MIKA
            Joo, ja Kävyssä.
            Silloin kun vierailin siellä.
            Ja kävin siellä niinä kahtena päivänä.

TONI
Kuinka vanha olet?

MIKA
38-vuotias.

TONI
Onko sinulla lapsia?

MIKA
Milla, 20-vuotias tyttäreni.
Hän kävi Kävyssä vuosina
2012-2013.

TONI
Mitä teet täällä Tallinnassa?

MIKA
Se on salaisuus. Mutta tiedät
kai Jonne Malmin runokokoelmat?
Se ulottuvuus, josta Tampereella
alettiin kuhista hänen julkaistessaan
runokokoelmansa?

TONI
Tiedän...ei siitä niin moni puhu,
ainakaan sen runokokoelman kautta.
Ihmisiä voivat kiinnostaa muut
mystiikan aiheet ja heillä on
muita kanavia ajatella noita
asioita.

MIKA
Mutta se on tärkeä ja merkittävä
asia mistä hän puhuu siinä.

TONI
Se ulottuvuus, mikä sinua kiehtoo
siinä niin paljon?

MIKA
Sen kauneus sekä sen
näkymätön luonne.
Sekä se maagisuus,
käsittämätön maagisuus.

TONI
Miten kuvailisit sitä ulottuvuutta.

MIKA
Se on kuin jokaisen mielessä
tapahtuisi jotain salattua, salaista.
Ja se mieli olisi myös kollektiivinen,
sijaitsen keskustelujen ja tapahtumien,
yhteisöllisyyden ja arjen romanttisen
pyörinnän takana. Se on todella kiehtovaa.
Se on Spiritus Mundi. Sellainen kollektiivinen
pyörre joka valvoo asioita, testaa jokaista ja
pysyy kaukana todellisesta arjeasta, mutta
sen lähellä myös. Takana, taustalla, sivupuolella.

TONI
Ymmärrän.

MIKA
Käyt Kävyssä vieläkin?

TONI
Käyn Kävyssä maanantaista
keskiviikkoon. Muina
aikoina teen freelancerina
töitä. Osaan neljää kieltä.
Tulin tänne Tallinnaan
kääntämishommiin.
Aion mennä yliopistoon
ensi vuonna.

MIKA
Ulkona tosiaan myrskyää.
Ihan kuin täällä kummittelisi.
Uskotko aaveisiin?

TONI
En...olen hyvin realistinen
siinä asiassa.

Mika hymyilee.

MIKA
Niin minäkin, niin minäkin.

INT. TALLINNAN TOIMISTO. YÖ. 2018.

MIKAN ÄÄNI
Teen tätä dokumenttia iltaisin ja
öisin, tulen kutsumaan Tallinnan
toimistooni lisää ihmisiä, joita haastattelen

dokumenttiani varten. Nyt aion luodata
takaisin Kävyn ensimmäiseen päivään
jolloin minäkin kävin siellä. Ennenkuin
aloin tekemään työtä vapaana toimittajana.

Mika laittaa kahvikoneen päälle.
Toimiston keittiön tunnelma on
hiljaisen rauhoittava.

MIKAN ÄÄNI
KAHVI. Porisemassa taustalla. *Oli. Vuosi. 2009.*
Käpy oli vasta aloittanut toimintansa.

INT. KÄPY. AAMU. 2009

Kuvataan kahvin pyörimistä pahvimukissa.

Pipopäinen, kaunis Johanna juo kahvia ja Juhana Metso käärii sätkiään.
Kävyn olohuone on avara, kodikas tila, jonka sohviin mahtuu
20-30 ihmistä korkeimmillaan. Seinällä on
suuri ilmoitustaulu ja mustalle kangaspinnalle
neulalla kiinnitettyjä lappuja.

Ruutuun ilmestyy teksti:

6. lokakuuta, 2009.

Johanna nousee ylös tuolilta pöydän äärteltä.
Hän hymyilee Juhanalle keimailevasti.

JOHANNA
Hei, lähdetkö tupakalle?

JUHANA
Sopii.

EXT. TALLINNA. 2018. ILTA.

Ruutuun ilmestyy teksti:
2018, Tallinna.

Sataa. Mikalla on sateenvarjo ja
poplaritakki.

MIKA
Hei.

JANNE
Hei, myrsky on tänään

laantunut vähän.
Mitä mies?

                    MIKA
          Haluan tietää missä Jonne Malmi
          on parhaillaan?

                    JANNE
          Mistä tiedät että hän on
          Tallinnassa?

                    MIKA
          Koska minulla on sisäpiirin tietoa.

          Janne vaikenee.

                    JANNE
          Niin minullakin.

                    MIKA
          Mutta?

                    JANNE
          Ei minulla on tarpeeksi tietoa
          vielä. Yritän etsiä. Kentältä
          kuuluu outoja.

                    MIKA
          Miten niin?

                    JANNE
          Sanotaan että Jonnella on oma
          jenginsä, joka tekee huumerikoksia.
          Hän tekee töitä jossain varastossa
          joka on melkein tyhjä iltaisin ja
          olen kuullut että hän aikoo surmata
          Linnean siellä. Kiväärillä.

                    MIKA
          Tämä saattaa siis tapahtua seuraavien
          päivien aikana. Onkohan minulla aikaa
          tähän?

                    JANNE
          Ei, tämä tapahtuu seuraavan kahden
          kuukauden aikana. Jonnella on paljon
          töitä ja paljon aikaa tehdä muutakin.

MIKA
Miksiköhän hän haluaa tappaa Linnean?
Mitä hänellä on häntä vastaan?

JANNE
Sen kun tietäisin.

MIKA
Haluan tietoa Jonnen liikkeistä
seuraavan viikon sisällä. Pystytkö
tähän, oletko valmis haasteeseen?

JANNE
Kyllä.

He lähtevät eri suuntiin sateisella kadulla.

EXT. PYHÄJÄRVI. 2009. AAMU.

Pyhäjärveä kuvataan rannalta sammakkoperspektiivistä.
Auringonvalo helottaa ulapan päällä.

EXT. KÄVYN VERANTA. 2009. AAMU.

Juhana ja Johanna polttavat
tupakkaa Kävyn Verannalla.
Maassa on pyöreä pöytä, jossa
on iso kurkkupurkki tuhkakuppina.

JOHANNA
Oletko käynyt muissa paikoissa?

JUHANA
No, olen käynyt päiväsairaala 3:ssa
ja olin Pitkäniemessä syksynä 2007.

JOHANNA
Minäkin olin silloin siellä.

Johanna karistaa tupakkaa.

JOHANNA
Siellä oli outo tunnelma.

JUHANA
Niin, tosi outo.

INT. TOIMISTO TALLINNASSA. 2018. YÖ.

MIKAN ÄÄNI
Dokumentti on kirja, jonka haluan lukea
mahdollisimman nopeasti. Olen kyllä nopea lukija,
joten pystyn lukemaan sen parissa päivässä. Mutta
tutkiminen onkin eri asia. Kirja on likainen,
oudonhajuinen, suht lyhyt ja kevyt ja kiitän onneani
siitä että Jonnen tuttava painatti sen, haluten auttaa
minua. Hän tiesi kaiken Jonnesta, joka on nyt kadonnut
jäljettömiin. Kirjassa kerrotaan Jonnen
armeija-ajoista eniten mutta se on hänen
koko elämäänsä luotaava opus.

Mika makaa toimistonsa lattialla, johon
hän on pedannut patjan. Ulkona myrskyää
edelleen. Mika lukee kirjaa, ukkosen ääni
kuuluu taustalla.

MIKA
Mitä tässä on nyt meneillään?

Sanat liikkuvat varjojen pilkahdellessa
niiden ympärillä. Sitten kuva siirtyy
tiettyihin sanoihin, kuten:

MALTILLINEN VASEMMISTOLAINEN

RAKASTI AMERIKKALAISTEN
OIKEISTOLAISTEN PUHUJIEN KUUNTELEMISTA,
PITI SITÄ VAPAA-AJAN HARRASTUKSENAAN

OLI ALUKSI RASISTI MUTTA MYÖHEMMIN
ALKOI PITÄMÄÄN RASISMIA RUMIEN
IHMISTEN TAUTINA

AUKTORITEETTIEN VASTUSTAMINEN
ALKOI ARMEIJA-AIKOINA

VIHASI AUKTORITEETTEJÄ,
HALVEKSUI "IHMISTEN KONTROLLOIMISTA"

KRITISOI MODERNIA FEMINISMIÄ
JYRKÄSTI.

HETEROSEKSUAALINEN RAIVO.
SAATTAA OLLA LATENTTI HOMOSEKSUAALI.

SYVÄLLINEN LUKIJA,

PYÖRI EPÄMÄÄRÄISISSÄ PAIKOISSA
VUOSINA 2016-2017

IHAILI JOHN F. KENNEDYÄ,
MYÖHEMMIN ALKOI KERÄILLÄ
JOHN JA ROBERT F. KENNEDYN
KIRJOJA JA RIPUSTI HEIDÄN JULISTEITA
SEINÄLLEEN.

KIRJAILIJA JA RUNOILIJA

Tummat varjot liikkuvat taas
sivujen sanojen pinnoilla.

MIKA
Kysy se kysymys, perhana.
Voitko kysyä sen kysymyksen,
herra kirjailija?

Varjot liikkuvat
taas sanojen pinnoilla.

MIKA
Aah.

INT. KÄVYN VERANTA. 2009. AAMU.

JOHANNA
Olet siis biittien tekijä?

JUHANA
Kyllä.

JOHANNA
Minusta on hienoa että joku tekee niitä.
Olen vähän pää pyörällä siitä kuka
on tällä hetkellä paras missäkin,
musiikissa nimittäin.

JUHANA
Internetin ihmeellisestä maailmasta
löytyy paljon.

JOHANNA
Se on totta. Internet on mukava
paikka jakaa asioita.

JUHANA
Ja tehdä musiikkia.

JOHANNA
Minä pidän sinusta.

JUHANA
Niin. Niin minäkin sinusta.

INT. TOIMISTO TALLINNASSA. 2018. YÖ.

Mika Varis makaa toimiston
lattialla suuren pöydän alla.

Kirjassa näkyy kuvia Jonnen armeija-ajoista,
yhdessä niistä hän poseeraa virallisessa
edustuskuvassa, yhdessä niistä hän on
jätkäporukan kanssa tyhjässä tuvassa.

MIKAN ÄÄNI
Käpy-tutkimus. Jonne-tutkimus.
Keskityn nyt Käpy-tutkimukseen.
Kävyn kävijä Ville Vallila tunnetaan
muusikkona ja suomi-rapparina. Hän
ihaili ennen Jonnea ja Jonne piti
hänestä aina. Jonne tallensi
toiseen runokokoelmaansa Lappi mielen
näkyjä, jotka mielestäni kertovat jotakin
siitä arjen takaisesta ulottuvuudesta josta
kerroin. Jonne sai siihen inspiraation
Ville Vallilan persoonasta. Jonne piti kaikista
hellistä ihmisistä omassa elämässään Tampereella.
Nykyään hän pyörii gangstereiden kanssa Tallinnassa.

Mika lukee taas kirjaansa,
sen varjoisilla sivuilla piilee
erilaisia ulottuvuuksia. Hän
alkaa sanelemaan nauhuriinsa.

MIKAN ÄÄNI
Kirjan mukaan Jonne vihasi naisia jotka
olivat negatiivisia ja kyynisiä ja niitä
tapasi Kävyssä aina silloin tällöin.
Hän vihasi nalkuttajia ja ihmisiä
jotka satuttivat muita sanoilla.
Loppupäässä, vuoden 2016 tammikuussa,
häntä alkoi inhottamaan koko Kävyn
yleinen ilmapiiri, se mitä hän oli kokenut
siellä hän oli kuulemma kokenut siellä
kaiken mahdollisen henkisen pilkan
ja halveksui Kävyn yleistä ilmapiiriä

ja ennakkoluuloista suhtautumista
muihin nuoriin. Hän piti itseään
viattomampana kuin muut sillä hän
ei satuttanut muita ihmisiä milloinkaan
Kävyn aikana.

Mikaa lukee taas Jonnesta kertovaa
kirjaa.

MIKAN AJATUS
Mitä haluan tietää tästä miehestä?

Mika lukee kirjaa.

Kellon pyörimistä näytetään taustalla.
Aikaa kuluu.

Mika lukee taas kirjaa. Hänen
kasvojaan kuvataan.

MIKA
Jonne vastustaa irtosuhteita!

MIKA (c'ntinued)
Jonne vastustaa Kävyn irtosuhteita.
Hän on seksuaalisesti konservatiivinen.

Kävyn nykyiset kävijät
Tatu ja Amalia laulavat
musiikkivideossa
Levottomat-kappaletta,
vuonna 2000
ilmestyneen laulun
tahtiin.

EXT. TAMPEREEN KADUT. 2018.

Tatu ja Amalia kulkevat käsi kädessä
pitkin Tamperetta.

INT. TALLINAN TOIMISTO. ILTA. 2018.

Mika ja Janne ovat toimistossa, Janne on keittämässä
kahvia itselleen. Tatu hymyilee Facebook-kuvassa jota
Mika tutkii. Mika huomaa Juhon kommentoivan
Tatun ja Amalian yhteistä kuvaa sydänhymiöllä.
Kommenttiketjussa on myös muita positiivisia
kommentteja.

MIKA
Kuka tuo Tatu on?
Entä kuka tuo Juho on?

JANNE
Tatu on Kävyn yksi naistenmiehistä.
Kaikki naiset luottavat häneen eniten.

MIKA
Entä Juho?

JANNE
(naurahtaa)
Aah, yksi Jonnen pahimpia vihamiehiä.
Jonne vihasi häntä. Ja Juho vihasi häntä.

MIKA
Aah, Tatu näyttää niin komealta.

JANNE
Hän on komea, ja hyvä tyyppi.

MIKA
Ai. Hienoa, romanttista.

JANNE
Niin onkin, hienoa.

Janne vakavoituu.

JANNE
Mutta nyt minun täytyy kertoa
sinulle huonot uutiset.

MIKA
Kyse on Jonnesta, eikö niin?

JANNE
Niin, hänen on epäilty kostavan
Käpylle jotenkin.

MIKA
Miten?

JANNE
En tiedä. En tiedä tosiaan.
Se on täysi mysteeri tällä
hetkellä.

Mika ja Janne hymyilevät
yhdessä.

JANNE
Nyt töihin. Koskee myös
sinua, romantikko.

EXT. TALLINNA. AAMU. 2018.

Tallinna näkyy kuvassa sammakkoperspektiivistä.

EXT. TAMPERE. 2018.

Tampere näkyy kuvassa sammakkoperspektiivistä.

INT. TALLINNAN TOIMISTO. YÖ. 2018.

Toimistoon saapuu taas Toni
sekä hänen ystävänsä Marko.
Marko on laiha ja feminiinisen
näköinen.

TONI
Hei, taas, Mika. Toin mukanani
yhden ystävän.

MARKO
Hei, olen Marko, mukava tavata.

Marko kättelee häntä.

MIKA
Mukava tavata sinuakin.
Sait minulta ilmaisen Tallinnan matkan,
Marko. Kiva saada vastineeksi
lausuntosi haastattelua varten.

MARKO
Kiitos kun sain matkan, olenkin
ostanut kaikkea kivaa.

MIKA
No niin!
Aloitetaan Jonnesta.

MARKO
Mitä haluat tietää?

MIKA
Haluan tietää mitä hänellä on Linnean
politiikkaa vastaan.

MARKO
Jonnen mukaan Linnea tuo Viroon
takaisin oikeistolaisemman politiikan.

MIKA
Mutta Linnea on järkevä politiikko
joka voi kasvattaa Tallinnan työllisyyttä.

MARKO
Kannatat Linneaa?

MIKA
Kyllä.

MARKO
Olet perustamassa Tallinnaan kirjakustantamoa.
Siksi kannatat häntä koska Linnea tukee pienyrittäjiä.

MIKA
Kyllä ja olen tyytyväinen että
kannatan häntä.

MIKA (c'ntinued)
Jatketaan Käpyyn.

TONI
Ok.

MIKA
Mitä tapahtui 2013 Kintulammella?

EXT. KINTULAMPI. ILTAPÄIVÄ. 2013.

Kintulampi näkyy taustalla

Yhtäkkiä kuvataan metsän tummia varjoja
ja leirintä-alue näyttää hyvin
aavemaiselta.

MARKON ÄÄNI
Jonne alkoi kirjoittamaan
salamurha-aikeistaan siellä.

Jonne kirjoittaa Kintulammen tuvan
vuoteessa vihkoonsa merkintöjä.

Kuvataan Mikaa haastattelemassa
Markoa ja Tonia.

MIKA
Eli sinäkin tiedät sen. Miksei kukaan
tee tälle asialle mitään?

MARKO
Koska poliisikaan ei ole löytänyt
Jonnea. Hänellä on omat kuvionsa,
täällä Tallinnassa.

MIKA
Minun täytyy nyt juoda mukillinen kahvia.

Kuvataan taas takaumana
Kävyn nuoria keskustelemassa
Kintulammella. Osa istuu nuotion
äärellä tupakkapaikalla, osa taas

MARKON ÄÄNI
Se oli kuin suuri perhe, koko Käpy
ja kaikki muutkin toimintakeskukset,
Ja kaikki ne ihmiset jotka pyörivät ympärillä,
siellä sun täällä.

MIKA
Kintulammella tyttäreni Milla sai
sairauskohtauksen. Muistan kun
Olli-Pekka ajoi hänet kotiin.

MARKON ÄÄNI
Samalla kun Olli-Pekka ajoi hänet
kotiin, aloin näkemään Jonne kirjoittavan
jotain. Sitten hän lähti pois huoneesta
tupakalle ja jäin yksin.

Takaumassa Marko katsoo
Jonnen vihkon merkintöjä.
Hän järkyttyy.

MARKON ÄÄNI
Olli-Pekka oli silloin jo
kansanedustaja ja kaikki tiesivät
että hänestä tulisi jotain suurta
ja puoli Tamperetta kuhisi siitä.
Hänellä oli suhteita. Hän oli myös
niin rikas joten kaikki hännystelivät

häntä.

Olli-Pekka näkyy ajamassa
Millaa kotiin yön pimeinä
tunteina.

OLLI-PEKKA
Onko kaikki hyvin, Milla?

MILLA
Kyllä.

OLLI-PEKKA
Muista nyt juoda ja rentoutua.
Pääset pian kotiin.

MARKO
Sitten Käpyyn saapui Riikka-Mari Vimma.

MIKA
Kuka hän oli?

MARKO
Hirveä nainen. Hän kirjoitti vangeille
kirjeitä ja samaan aikaan vihasi
vääriä mielipiteitä. Sellainen ylimielinen
ämmä.

INT. KÄPY. PÄIVÄ. 2014.

Riikka-Mari Vimma nojautuu suosittuun
Aatu Kallioon, hänen senhetkiseen
rakastajaan sohvalla.

Jonne puhuu ryhmässä Yhdysvaltain
ulkopolitiikasta. Jonnea näytetään
huppu päässään selän takaa, kenenkään
huomaamatta hänen kasvojaan.

RIIKKA-MARI
Minusta on inhottavaa että
Yhdysvaltain ulkopolitiikasta
ei puhuta tarpeeksi mediassa.

JONNE
Se on mielestäni huono asia myös.
Mutta minusta on hyvä että tuotaisiin myös
amerikkalaista näkemystä mediaan.
Tarkoitan moniarvoisuutta, mielipiteiden

ja näkemysten moniarvoisuutta.

RIIKKA-MARI
Jaa, se sama moniarvoisuus mikä
on maalannut muslimeista kuvan
saastaisena örkkilaumana.

JONNE
Ei vaan, arvorelativismi tuhoaa sielun
kulttuurista.

RIIKKA-MARI
Arvorelativismihan juuri tuo sielua
kulttuuriin. Ja ilman arvorelativismia
olisi vain mustavalkoisuutta. Et kai
ole mustavalkoinen?

JONNE
(änkyttää)
No ei, vaan...

MARKON ÄÄNI
Riikka-Mari valehteli jatkuvasti Kävyssä.
Hän oli itse täysin mustavalkoinen ja
painostava, jopa narsistinen.
Hän huokui valhetta muttei ei jäänyt siitä
ikinä kiinni. Hän oli riehakas väittelijä,
käytti sanoja aseinaan. Jonne änkytti joskus,
ei saanut sanojaan sanottua. Se kismitti häntä.

MARKON ÄÄNI
Sitten tuli Aurora joka rakastui
Ville Vallilaan. Ville oli Kävyn oma
hipsteri ja todella kohtelias ja viehättävä
mies. Jonne piti hänestä. Auroraa pidettiin
taas jumalattarena, hän oli niin kaunis ja kohtelias
kuin kuninkaallinen.

MIKAN ÄÄNI
Entäs Tatu?

MARKON ÄÄNI
Tatu tuli vasta myöhemmin, se naisten
sankari. Hän alkoi käymään Kävyssä
vuonna 2014. Puhun nyt Ville Vallilasta.

INT. KÄVYN VERANTA. KESKIPÄIVÄ. 2012.

Ville Vallila seisoo Kävyn verannalla

polttaen tupakkaa. Hän menee
sisään.

Ville Vallila alkaa räpätä
Kävyn puitteissa. Vain muutamia
nuoria on sisällä. He katsovat
passiivisesti Villeä.

EXT. TAHMELAN PALSTA. 2012.

Silja, Sirpa, Sandy ja Noora ovat
yhdessä Tahmelan palstalla kuokkimassa.

SILJA
Mitäköhän Ville tekee Auroran suhteen?

SIRPA
En tiedä mutta saisi käydä
Kävyssä enemmän. Toki ei
se minua haittaa. Hänellä
on nyt se seksuaalinen elämä
menossa ja lujaa.

SANDY
Kenestä te puhutte?

SIRPA
Yhdestä käpyläisestä, sinä olet
vaahteralainen, joten et tiedä
hänestä varmaan.

SANDY
Ai.

Sandy jatkaa palstan kuokkimista.

NOORA
Mielestäni Ville saisi jo päättää
haluaako hän Auroran vai ei.
Sillä hänellä ja Mirvalla on ollut
aikamoista meininkiä viime
aikoina.

SIRPA
Ihanko totta?!

SILJA
Ihanko näin?

NOORA
Kyllä, ette ole ehkä huomanneet
mutta he ovat jutelleet.

SILJA
Aikamoista. No ainahan nämä
romanssit aikovat tulla esiin.
Kun tarpeeksi odottaa.

INT. TALLINNAN TOIMISTO. 2018. YÖ.

MARKON ÄÄNI
Jonne rakasti Siljaa.
Mutta Silja ei huomannut häntä.
Useinkaan. Oletko muuten lukenut
Jonnen runokokoelmia?

MIKAN ÄÄNI
Olen. Ne ovat hienoja runoja.

MARKON ÄÄNI
Niissä hän kuvaakin Siljaa
sinisilmäiseksi. Ja ihanaksi
naiseksi mutta joka ei välitä
ollenkaan ihmisten pimeästä
puolesta ja luo kulttuuria jossa
ei saa sanoa ääneen mitään eroavaa.
Se arvorelativismi mitä Jonne vihasi.

MIKAN ÄÄNI
Muistatko mitään muuta?

MARKON ÄÄNI
Muistan bileet jossa olimme,
siellä tapahtui pari asiaa joista
sinun kannattaisi kuulla.

MIKAN ÄÄNI
Kenen bileet?

MARKON ÄÄNI
Tytin. Tytti oli legendarinen hahmo,
Tampereen sosiaalisen piirin
mehiläiskuningatar. Hän loi
sosiaalisuudesta taidetta,
hyväksyi kaikki, kaikki saivat
olla hänen kanssaan.

INT. TYTIN TUKIASUNTO. 2014. ILTA.

Sandy tervehtii Jonnea joka
saapuu Tytin bileisiin. Huone
on täynnä ihmisiä.

INT. TYTIN TUKIASUNNON PARVEKE. 2014. MYÖHÄISILTA.

Tytti polttaa tupakkaa, hän on
lihava ja naisellinen, erikoisen
boheemin näköinen nainen.

Parvekkeella on toiset bileet,
toiset bileet ovat asunnon sisällä.

Ihmiset istuvat parvekkeen kamaralla,
osa polttaa tupakkaa, osa ei.

Johanna ja Juhana pitävät käsiään kiinni
toisissaan.

Amalia pitää kättään kiinni Katrista.

Istuva Jonne huomaa Katrin,
joka istuu häntä vastapäätä.

JONNE
Hei sinä vaikutat mukavalta tyypiltä.
Mikä sinun nimesi on?

KATRI
Katri. Mikä sinun nimesi on?

JONNE
Jonne, saanen esitellä itseni.
Olen runoilija ja yritän
tehdä jotain musikaalisesti.

KATRI
Ok.

AMALIA
Katri on runouden ystävä,
etkö olekin?

KATRI
Kyllä, mutta enemmän pidän
bilettämisestä.

AMALIA
Ainakin vielä.

JONNE
Minusta bilettäminen on ihan
kiva juttu mutta vain nuorten
ihmisten tapa paeta maailmaa,
en pidä heittäytymisestä ollenkaan.

AMALIA
Mikset pidä?

JONNE
Tässä maailmassa on jo tarpeeksi
selfie-kulttuuria, biletyskulttuuria.
Tämä maailma kaipaisi enemmän
ajatuksen ja teon karismaa ja arvojen syvyyttä,
nautintojen syvyyttä, intohimojen
syvyyttä.

KATRI
Mutteivät ne sulje toisiaan pois,
karisma ja bilettäminen.

JONNE
Eivät suljekaan, eivätkä arvot
ja bilettäminen. Mutta etsin tästä
maailmasta jotain syvällisempää
kuin kollektiivinen itsepetos.

AMALIA
Mitä tarkoitat kollektiivisella
itsepetoksella?

JONNE
Sitä että kaikki osallistuvat johonkin
yhteiseen itsensä häpäisyyn ja samaan
aikaan kukaan ei saa edustaa syvyyttä.
Syvyyttä pidetään surullisena.

AMALIA
Kollektiivinen itsepetos...
puhuu mies joka on täysin hämärä
tyyppi. Ja huokuu epäluotettavuutta.

JONNE
Katso nyt, isket heti henkilöön etkä
periaatteeseen.

AMALIA
Niin iskenkin koska psykologiasi
on ihan perseestä.

JONNE
Minä en usko psykokulttuuriin.
Vihaan sitä. Se on paskaa.

AMALIA
Mikä siinä on vialla?

JONNE
Tyhmiä ihmisiä jotka jakavat
neuvoja toisilleen. Neuvoja joita
ei tarvitse. Tyhmät konservatiiviset
ihmiset jotka haluavat kontrolloida muita.

Kuva pysähtyy. Jonne jää
tuijottamaan tyhjyyteen,
Katri ja Amalia

Palataan Markoon toimistossa.

MARKO
Tässä vaiheessa Jonne alkoi
yrittämään puolustaa omaa
näkökantaansa. Hurjemmin.

Jonnen kasvoja kuvataan,
samaan aikaan kuvataan
Katrin ja Amalian kasvoja.

Kuva liikkuu taas.

JONNE
Minusta psykokulttuuri on mennyt
liian pitkälle. Kaikkiin asioihin
etsitään psykologinen syy. Se
on piinapenkki, psykologia.
Se tuhoaa elämästä mysteerin.
Ja siinä murehditaan koko elämä,
rypemisen alhossa. Teennäistä.
Teennäinen psykologinen taistelu.
Aivan kuin luotaisiin itselle ongelmia
jotta saataisiin kieriskellä niissä ja
ratkaista niitä. Ja aina joku kauppaa
neuvoja, kysymättä miten pitäisi
oikeasti auttaa.

AMALIA
Mutta eihän Käpy ole sellainen?
Pelkästään paikka jossa murehditaan.
Siellä vahvistetaan ihmisen terveitä
puolia ja yritetään olla keskittymättä ongelmiin.

JONNE
Paitsi silloin kun sieltä haluaa pois.
En pidä lahkoista, se muistuttaa
minusta lahkoa joskus.

KATRI
Miksi olet niin kaikkea vastaan?

JONNE
Koska kaikki mitä näen on tyhjää.

KATRI
Etkö näe mitään positiivista, mitään
hyvää?

JONNE
Ehkä positiivisuus tai aitous on vain
jokin veruke sille ettei tarvitse ajatella
asioista syvällisemmin, tai ei tarvitse
syventyä asioihin, tai sitten luoda ajasta
kauniimpaa, parempaa. Tällaista se joskus
on.

INT. TALLINNAN YÖKERHO. YÖ. 2018

Mika seisoo toimistossaan.

Yhtäkkiä Janne soittaa hänelle.

JANNEN ÄÄNI
Hei, Mika.

MIKA
Mitä uutta?

JANNEN ÄÄNI
Jonne on nähty etelä-Tallinnassa.
Etsi hänet.

MIKA
Ok.

EXT. TALLINNA. YÖ. 2018.

Yhtäkkiä uhkaavan, karismaattinen musiikki
alkaa soimaan taustalla.

Mika ajaa yössä Tallinnaa.

Hän huomaa kolme miestä
kulkevan autoon. Yksi heistä
on Jonnen näköinen.

Uhkaava musiikki jatkaa soimistaan.

He ajavat kohti hylättyä kaupunginosaa.

Mika lataa aseensa.

Mikan edessä olevasta autosta
ammutaan hänen autoaan kohti
muutaman kerran.

Mika väistää ja piiloutuu.

Sitten hän alkaa ajamaan heitä kohti.
He ajavat lujempaa

Uhkaava musiikki soi taustalla.

Mika yrittää ampua aukinaisesta
ikkunasta kohti heidän autonsa
rengasta puhki. Dramaattinen musiikki
soi taustalla.

Yhtäkkiä tuntematon hahmo ampuu
Mikan auton kaksi rengasta puhki.

Mika ei hallitse autonsa ajamista
tällä hetkellä ja hänen autonsa
kulkee hallitsemattomana kohti
ojaa.

Jonnen auto kulkee pois, kauas
etäisyyteen.

INT. TALLINAN TOIMISTO. 2018. YÖ.

                    MIKA
                Mitä muuta?

                    MARKO
        Ei mulla muuta, haluat kai tietää
        missä Jonne Malmi sijaitsee?

                    MIKA
        Olisin erittäin kiinnostunut
        hänen tapaamisestaan.
        Olisin erittäin kiinnostunut
        siitä.

    Jaakko tulee sisään. Maskuliinisen
    näköinen vahva köriläs.

                    MIKA
                (uhkaavasti)
        Tässä on Jaakko. Hän oli Kävyn
        ohjaaja lyhyen hetken vuonna 2012.
        Nykyään hän on palannut sinne
        ohjaajaksi.

                    MARKO
                Hauska tavata.

                    TONI
                Mukava tavata.

                    MARKO
                Niin, Jonne.

                    MIKA
        Kerro missä hän on?

                    MARKO
        Hän antoi minulle tämän
        paperilapun. Hän tietää
        mitä te teette. Hän haluaa
        tavata teidät, myös.

    Marko antaa Mikalle paperilapun,
    siinä lukee: "Ette ikinä tule
    saamaan minua kiinni." Hän
    antaa myös Jokerikortin jossa
    on Jonnen kuva.

MARKO
Hän on Tallinnan laitamilla.
Eräässä betonikellarissa.

MIKA
Anna tarkka osoite.

EXT. TALLINNAN KADUT. 2018. YÖ.

INT. TALLINNAN TOIMISTO. 2018. YÖ.

Mika katsoo instagram-kuvia
Johannasta, Sandysta, Noorasta
sekä Aurorasta ja Mirvasta.
He ovat kaikki iloisia ja pirteitä
ja heillä on poikaystävät, jotka
hymyilevät. Johanna taas näyttää
pipo päässään nuorekkaalta ja
Mika lukee hänen kuvansa alta
löytyvää instagram-kuvatekstiä:

”Olin vähän väsynyt eilen
ja aamulla olin huolestunut
mutta onneksi Tatu tuli pelastamaan
ja lohdutti minua puhelimessa
ja puhuimme lopulta seksistä
kun hän tuli asuntooni.”

Mika huokaisee väsyneesti.

INT. KÄPYN HUONE. 2015. AAMU.

Kaunis, vanhempi Silja terapioi
läsnäolevan paljaalla tavalla Juhoa.

JUHO
Olen ajatellut tätä meidän Käpyä,
mitenköhän me selviämme tästä
yhteisönä.

SILJA
Kyllä me selviämme.

JUHO
Mitenköhän näiden äänieni kanssa
käy, kun minä kuulen niitä, oon
ehkä pääsemässä niistä eroon.

                    SILJA
      Mutta niin kuulevat kaikki ääniä,
      monet kuulevat täällä ääniä. Monet,
      niinkuin se Juho...ei kun Jonne.

                    JUHO
            Jonne. En pidä hänestä.

                    SILJA
      Ehkä se on sinun ajatuksesi mutta
      täällä ei saa kiusata toisia. Eikä
      täällä kiusatakaan, tunnen sinut.

                    JUHO
      Ajattelen yhteisöä organismina.
      Ja se Jonne on kuin musta pilvi.
      Hän on ollut niin sairas.

                    SILJA
            Hänellä on nyt vaikeaa.

                    JUHO
      En ymmärrä vaikeuksia. Hän tuhoaa
      koko yhteisön maineen.

                    SILJA
      En minäkään hänestä aina pidä.
      Hän on vaikea ihminen. Mutta
      sinun täytyy nyt ottaa rauhassa
      eikä murehtia kaikkea.

      Silja katsoo Juhoa rakastelevan
      palavilla silmillä, mutta vain
      terapiamielessä.

                    SILJA (c'ntinued)
      Olet nuori mies, Juho. Urheilumiehiä.
      Aina positiivinen ja pärjäät missä vain.

      Silja pitää Juhon kättään otteessaan.
      Ja tuijottaa häntä pitkään silmiin.
      Rakastelevalla katseellaan.

      INT. TOIMISTO. 2018. PÄIVÄ.

      Mika seisoo Tallinnan toimistossaan.

MIKA
Hei, ystäväni

JANNE
No mitäs sinulle?

MIKA
Olen valmis.

JANNEN ÄÄNI
Mihin?

MIKA
Tapaamaan Jonnen.

Kamera kuvaa Mikan kasvoja
hypnoottisesti.

INT. KÄYTÄVÄ. TALLINNA. 2018. YÖ

Mika kävelee pitkin mustaa käytävää,
maanalaisessa paikassa. Katoilla näkyy
ohuita johtoja. Hän päätyy kuulusteluhuoneeseen.

INT. KUULUSTELUHUONE. TALLINNA. 2018. YÖ.

Jonnella on meikit ja vaaleaa jauhoa kasvoillaan.
Kuin Jokerilla Yön ritarissa. Hän on valtavan
karismaattinen ja puhuu vittumaisen rennolla,
karismaattisella äänelläään. Hänellä on brittiläinen aksentti.
Huone on suhteellisen pimeä, lampun valojen loistaessa nurkkia.

MIKA
Hei, Jonne.

JONNE
Hei. Ja tervetuloa.

MIKA
Tiedätkö miksi kutsuit minut tänne?
Oikeasti pyysin sinua tavattavaksi.

JONNE
Taidan tietää. Arvaan että
tiedät mitä aion tehdä.

MIKA
Mitä aiot tehdä?

JONNE
Sen minkä tiedät jo.

JONNE (c'ntinued)
Muttet voi tehdä sille mitään.

MIKA
Miksen voisi?

JONNE
Et voi pidättää minua.
Etkä voi kertoa minusta poliisille.
Tiedätkö miksi?

MIKA
Koska et ole tehnyt mitään.

JONNE
Kyllä.

MIKA
Miksi sinun pitää tehdä se?

JONNE
Koska se on symbolista.
Enkä pidä siitä että joku
tuhoaa elämäni.

MIKA
Entä mitä sinulla on Käpyä vastaan?

JONNE
Kohtelu. Ei muuta.

MIKA
Onko sinua muuten kiusattu?

JONNE
No joo, miesten ja naisten myötä. Ja myös
Olli-Pekan toimesta josta kasvoi Linnea,
tunkeileva, muiden asiat paremmin tietävä nainen.
Sitä ennen hän oli tunkeileva, muiden asiat
paremmin tietävä mies.

MIKA
Mitä Linnea teki sinulle? Tai siis Olli-Pekka.

JONNE
Hän solvasi minua ylä-asteella ja lukiossa,
luokan edessä, tunki nokkansa
minun ja perheeni asioihini, ikään kuin
vainoten teennäisen kohteliaalla tavalla
koko nuoruuteni ajan.

MIKA
Miten ihmeessä näin saattoi tapahtua?

JONNE
Hän oli äitini ja isäni ystävä.
En vaistonnut hänessä sellaista
pimeää, tunkeilevaa energiaa
joka tuhoaa pahimillaan ihmisten
elämiä. Hän puhui aina kuin
olisi omistanut minun persoonani.
Hän oli niin kiero, ovela.
Puhumattakaan kaikesta muusta
satuttamisesta.

Jonne ottaa valokuvia laukustaan.

JONNE
Katson näitä silloin tällöin.
Näissä näkyy Kävyn ohjaajia,
opiskelijoita ja nuoria pitämässä
hauskaa. Hymyilemässä, iloitsemassa.

Jonne katsoo kuvia. Hän
näyttää niitä Mikalle.

JONNE
He hymyilevät näissä kuvissa.
vaikka tunsin niin paljon
surua siellä. Nautin paljon
siitä ulkopuolisuuden tunteesta,
siitä yksinäisyydestä ja
katkeruudesta.

MIKA
Satutettiinko sinua joka vuosi
Kävyssä?

JONNE
(nyökkää vakavasti,
puhuen humoristisesti)
Kyllä. Mutta olen huomannut
sen olevan osa rakkautta,

ehkä ohjaajat parantavat
minut armollaan ja joudun
taas myöntämään olevani
väärässä yleisen vallitsevan
tilan suhteen.

MIKA
Millaista se oli
pahimillaan?

JONNE
Se oli julkista, ohjaajat eivät
pystyneet tekemään mitään sille.

MIKA
Mikä oli pahin vuotesi Kävyssä?

JONNE
2015. Muistan kun Juho satutti minua
ja puhui ainoasta ystävästänikin paskaa
hänen kuullessa sen.

EXT. KÄVYN VERANTA. 2015. PÄIVÄ.

Juho ja Markus juttelevat tupakalla.
He puhuvat raadollisen miehekkäästi.

JUHO
Mä en ymmärrä miksi asioista
ei pidä puhua. Niin kuin ei saisi
sanoa mielipiteitään mistään.

MARKUS
Kyllä, olen samaa mieltä.

JUHO
Niinkuin se maahanmuuttoasia,
miksei siitä saa puhua?

MARKUS
Poliittinen korrekti kulttuuri,
se on syypää.

JUHO
Se tuhoaa vapautta,
sananvapautta, ilmaisunvapautta.

MARKUS
Niin, kun kansaa ei kuulla.

Tuntematon mies kävelee pois
Kävystä.

MARKUS
Kuka toikin hyypiö on?

JUHO
Yksi Kävyn kävijä. Vitun neiti
ja lapsi.

Samaan aikaan paperilappu
näkyy Kävyn ovella johon
on kirjoitettu "ihminen ihmiselle."

EXT. TAMPEREEN KADUT. 2015.

JUHO
Mitä sinulle kuuluu, Riikka?

RIIKKA-MARI
Ihan hyvää, olen sopeutumassa
yhteiskuntaan, ihan muuten vaan.

JUHO
Okei, minä taas olen viime aikoina
opettanut miehen mallia noille
Kävyn lapsille.

RIIKKA-MARI
Olet juuri nöyryyttänyt Jonnea.
Kiitos siitä.

JUHO
Niin ja olen ylpeä siitä.

TATU
Mikä häntä vaivaa?
Hän on ollut niin kipeä
Kävyssä, hän ei pysty edes
kohtaamaan ketään kun
hän on niin häpeällisen
alhaisessa tilassa.

JUHO
Hiukan ryhtiä sekaan ja
miehuutta niin hyvä tulee.
Voin opettaa hänelle aakkoset

samalla.

TATU
Ei meidän pitäisi puhua pahaa
käpyläisistä heidän selän takana.

JUHO
Paitsi jos he ansaitsevat sen.

RIIKKA-MARI
(nalkuttaen)
Mä en pidä siitä tyypistä ollenkaan.
Mun mielestä hän on niin säälittävä ja
pieni mies. Miksi hän puhuu aina
kaikesta, hän puhuu liikaa, miksei
hän osaa olla hiljaa kuin aikuiset?
Hän vain esittää aina jotain, aina
esittämässä. Ja hänellä on se vitun
sairaalloinen tärinä, hän ei pysty edes
katsomaan ihmisiä silmiin enää. Eikä
ole varmaan pystynyt ikinä.

TATU
Ei nyt puhuta hänestä pahaa.
Selän takana.

RIIKKA-MARI
Kaikki puhuvat. Elämä on sellaista.
Se pitää hyväksyä.

JUHO (c'ntinued)
Mikä on Kävyn ja lastentarhan ero?
Puhelinnumero.

INT. KESKUSTAN ASUNNON
MAKUUHUONE. ILTA. 2015.

Ruutuun ilmestyy teksti:

27.1.2015

Juho ja Petra suutelevat toisiaan
pitkään.

Sitten he ovat makuuhuoneessa omilla paikoillaan.

Juholla ei ole paitaa, Petralla on taas paita ja alushousut.
Juho istuu tuolilla kun taas Petra istuu makuuhuoneen
lattialla seinän vieressä. Kuva on maaginen. Varjojen

somistaessa huoneesta aavemaisen iltaista.

PETRA
Milloin muistat olleesi yhteydessä
Millaan ja Iituun?

JUHO
Mistä sinä puhut?

PETRA
Se oli vuonna 2013, eikö niin?
Kun kävit silloin lukiota tai
Vaahteraa.

JUHO
Kävin ammattilukiota.

PETRA
Niin, oletkin vasta nuori.
Ja kuvittelet olevasi muita
vanhempi, muiden yläpuolella.

JUHO
Minä johdan Käpyä koska
olen johtaja-ainesta.

PETRA
Mutta mitä muut ajattelevat sinusta?
Millaisen perinnön jätät siihen paikkaan?

JUHO
Mitä tarkoitat?

PETRA
Aiotko vain pilkata kaikkia
jotka ovat eri mieltä kuin sinä?
Ihmisiä jotka ovat heikommassa
asemassa. Ikäänkuin tietäisit paremmin
mitä kaikki tarvitsevat.

JUHO
Et ymmärrä minun visiotani.

PETRA
Mikä visio? Mikä vitun visio?
Sellainenko että ihmiset kuten
sinä ovat paremmassa kunnossa
kuin muut. Sinähän sen tiedät
paremmin, sinähän tiedät kaiken

paremmin.

JUHO
Et tiedä ollenkaan mitä Kävyssä
tapahtuu tällä hetkellä. Vai
tiedätkö koskaan mitään
mistään sosiaalisesta pelistä?
Sen pelin luonteesta.

PETRA
Minä näin hänet Kävyssä.
Hänen nimensä alkoi J:llä.
Hän oli Kävyn haavoittuvaisin
mies. Minä fantasioin hänestä
silloin.

JUHO
Älä vaihda puheenaihetta.
Minä tiedän että te naiset
haluatte testata minua
koska olen Kävyn merkittävin
mies.

Petra nojaa patteriin seinän
vieressä ja hymähtää hymyillen.

PETRA
Ei ole olemassa merkittäviä
miehiä, toinen ei ole sen
tärkeämpi kuin toinen.
Mutta sitä sinä et varmaan
ymmärrä.

JUHO
Minä ymmärrän paljonkin
sillä minulla on elämänkokemusta.

PETRA
Sinä luulet ymmärtäväsi, sinä
luulet tietäväsi. Mitäköhän
käpyläiset tällä hetkellä
ajattelevat?

JUHO
Juoruavat kai kaikista.

PETRA
Niin...niin.

JUHO
Onko Jonne sinusta merkittävä mies?

PETRA
Näin hänet ekan kerran Kävyssä
vuonna 2013, hän oli söötti ja komea.

JUHO
Minä taas en ole nähnyt häntä
ollenkaan, johtuu varmasti siitä
ettei hän tuo itseään esiin.

PETRA
Hän on hieno runoilija.

JUHO
Paskat minä mistään runoudesta
välitän.

PETRA
Pitäisi välittää. Muistan kun
Jonne soitti Mozartia, kukaan
ei kiinnittänyt siihen huomiota
mutta hänen soittonsa kosketti
sydäntäni.

JUHO
Mä meen paskalle. Hyvästi.

INT. KUULUSTELUHUONE. TALLINNA. 2018. YÖ.

MIKA
Mitä muuta kerrottavaa
sinulla on minulle?

JONNE
Paljonkin. Tietoa eri asioista kirjaasi
varten. Tietoa joka on oikeasti arvokasta.
Kävyssä ajateltiin kaikkea tietoa
yhtä arvokkaana. Mikä on mielestäni
paskapuhetta.

MIKA
Eikö kaikki tieto ole yhtä arvokasta?

JONNE
Nykyään kaikkea tietoa pidetään
yhtä arvokkaana, vaikka puolet tiedosta
ei edes osallistu mihinkään rakentavaan.

Se on sama kuin sanoisi että Mozart on
yhtä tärkeää tietoa kuin Justin Bieber.
Siinä näkemyksessä ei ole sielua.
Kuin kaiken tiedon rikkaus olisi jokin
absoluuttinen itseisarvo vaikka syvällisen,
suuren tiedon osaa tunnistaa
ja roskan osaa tunnistaa myös. Tämä on
taas yksi tapa latistaa sielu maailmasta.
Jonkin keskinkertaistavan
arvorelativistisen näkemyksen kautta.
Se minkä mukaan kaikki on yhtä
arvokasta ja kaikki jakaminen on
yhtä arvokasta. Kaikki tieto ei ole yhtä
arvokasta. Tästä syystä
en seuraa videobloggaajia.

MIKA
Mutta etkö ymmärrä sitä että
kaikella tiedolle on oikeus tulla esiin?

JONNE
Kyllä, tietenkin. Minusta on kivaa
kuulla muiden mielipiteistä ja
kuulumisista. Mutten siedä
arvorelativistista hysteriaa.
Jota edustaa tietyt tyypit.

MIKA
Kuten?

JONNE
Kuten se vitun Hanno.

MIKA
Kuka on Hanno?

JONNE
Riikka-Marin ex-poikaystävän nimi
on Hanno. Hän polttaa vihreää tupakkaa,
L&M:n merkkistä. Hän kävi
Kävyssä, vuosina 2013-2014.
Luuletko etten tutki sitä mitä
Kävyssä tapahtuu? Tiedän kaiken
mitä siellä tapahtuu.

MIKA
(rauhallisen lempeästi)
Et sinä tiedä mitä Kävyssä tapahtuu,
sinulla on miehiä jotka tutkivat sitä.

JONNE
Eikö sinua, Mika masenna se
miten helposti voin murhata Linnean?
Eikö sinua masenna se miten helposti
voin tuhota Kävyn?

MIKA
Miksi haluat tuhota Kävyn?

JONNE
(nauraa hysteerisen kovaa)
En haluakaan, haluan vain
toimia täällä Tallinnassa.

MIKA
Mutta kai sinulla on jonkinlaista
kaunaa Käpyä kohtaan?

JONNE
En aio tehdä mitään mutta toivon että he elävät
illuusiossa kunnes he huomaavat
Juhon toisen puolen, käpyläisten
toisen puolen niiden nuorten
jotka siellä käyvät ja sen myötä
todellisen Kävyn.

MIKA
Todellisen Kävyn?

JONNE
Satuttamista ja painostavaa paheksuntaa
nuorilta 2009-2016. Sen jälkeen he myös
kielsivät yhdessä sen että satuttivat.
Lisäksi sairastuin siellä. Mutta se oli
kai oma vikani. Katso, tässä itsemurhajälki
siitä.

Jonne näyttää Mikalle viillon
aiheuttamaa arpea ranteessaan.

MIKA
Mitä aiot tehdä?

JONNE
Mitä aiot itse tehdä?

MIKA
Tuon tähän kuulusteluhuoneeseen

yhden toisen miehen. Mutta hän
ei olekaan minun ystävä, vaan...
Kävyn ohjaaja.

Mika poistuu huoneen toiselle
puolelle.

Jonne nauraa hullun karismaattisesti.

JONNE
Kävyn ohjaaja...
Kuka niistä?

Maskuliininen, lihaksikas
Jaakko saapuu kuulusteluhuoneeseen.

JONNE
Ai, sinä, ohjaaja jota en muista.
Enkä halua muistaa. Olet
tervetullut kuulustelemaan.

JAAKKO
Aiotko tehdä jotain Kävyn nuorille?

JONNE
En tiedä, taidan olla jo tehnytkin.

JAAKKO
Mitä tarkoitat?

JONNE
Samalla kun leikit kovista
niin kaksi tyyppiä on
sidottuina johonkin
mikä syttyy tuleen.

Jaakko tuijottaa häntä vihaisena.

JAAKKO
Missä he ovat?

JONNE
En tiedä mutta heihin minä
luotan nyt, heihin Kävyn nuoriin,
heissä on niin paljon kaikkea nyt,
jokaisella Kävyn nuorella on
edessään arvokas tulevaisuus.

JAAKKO
Kerro minulle!

JONNE
Ai, se miten Kävyssä kohdellaan
eri nuoria, eri tavoilla. Vaikka
samalla latistetaan kaikki eriävät
äänet.

JAKKO
Olet saastaksi alentunut.

JONNE
Haluatko tietää ketkä ovat vaarassa?

JAAKKO
Kerro.

JONNE
Ilkan tytär, Ilkka on sinun
ystäväsi.

Jaakko tuijottaa häntä vihaisena.

JAAKKO
Mitä helvettiä olet mennyt tekemään?

JONNE
Luulitko että jättäisin asiat rauhaan?
Etten suunnittelisi kostoa Kävylle?

JAAKKO
Ilkka on ystäväni, yksi Tampereen
selkärankaisimmista miehistä. Toisin kuin
sinä.

JONNE
Kunnes joku huomaa mikä hän
on oikeasti, vallankäyttäjä.

JAAKKO
Mitä haluat meiltä!? Vastaa!

JONNE
Haluan että annatte minun rauhassa
tehdä mitä haluan jotta voit pelastaa
Ilkan tyttären. Tai sitten sinun vaimosi.

JAAKKO
Mistä tiedät että Aurora on vaarassa?

JONNE
Aah, Aurora. Nykyään hänellä
on jo kolmas mies menossa.
Tämän vuoden sisään.

Jaakko katsoo häntä vakavasti.

JONNE (c'ntinued)
Pinja on sinulle kai ainakin
osittain rakas, kun et huolestunut
hänen vaarastaan.

JONNE (c'ntinued)
Ystäväsi tytär vai sinun vaimosi?
Kumman valitset?

Jaakon kasvoja kuvataan hidastettuna,
kasvoja, jotka alkavat raivostumaan.
Uhkaava taustamusiikki alkaa soimaan.

Yhtäkkiä Jaakko nousee ja heittää
Jonnen aggressiivisesti
toiselle puolen huonetta.

JAAKKO
(uhkaavan maskuliinisesti)
Missä he ovat?!

JONNE
(vitsikkään rennosti,
vittuillen)
Väkivalta on vastustettavaa.

Jaakko lyö Jonnea kasvoille.
Jonne kaatuu maahan.

Jaakko huutaa raivoten

JAAKKO
Missä he ovat?!

JONNE
(vitsikkään rennosti,
vittuillen)
Kävyn seksuaalinen

voima kääntyikö teitä vastaan?

Jaakko lyö Jonnea kasvoille.
Jonne kaatuu maahan.

JAAKKO
Missä he ovat?!

JONNE
(vitsikkään rennosti,
vittuillen)
Sillä kutsuisin sitä panoluolaksi.
Tai paikaksi jossa syntyy suhteita.

Ja naurahtaa hetken.

Jaakko lyö Jonnea kasvoille
taas kerran.

Jonne nauraa valtaisan karismaattisesti
maahanlyötynä. Kuin psykopaattinen
pahuus itsessään.

JONNE
(nauraa)
Sinulla ei ole mitään. Ei mitään
muuta kuin voimaa. Ei mitään
muuta mitä voit tehdä kuin lyödä!

Jaakko ottaa Jonnen otteisiinsa.

JONNE
Okei, kerron missä he ovat.
Mutta en muuta kerro.
Aurora on Helsingissä,
Pinja myös. He ovat sidottuina
eri miesten toimesta,
jotka eivät työskentele minulle.

Jaakko heittää Jonnen alas
ja lähtee pois kuulusteluhuoneesta.

MIKA
Soita Pinjalle!

Jaakko soittaa Pinjalle.

PINJA
Hei rakas. Olen sidottuna tällaiseen

rakennukseen. Tule tänne. Ehdit vielä.

JAAKKO
Voi helvetti.

Jonne tuijottaa heitä tähdäten
aseella heitä kohti.

MIKA
Mistä hän aseen löysi?!

JAAKKO
Otti taskustani.

JONNE
Väistykää, tyhmät.
Minä lähden.

Jaakko ja Mika joutuvat
väistymään kun Jonne
lähtee ulos huoneesta.

EXT. KÄVYN VERANTA. 2016. KESKIPÄIVÄ.

Myrsky riepottelee Tamperetta, Kävyn verannalla
seurataan katujen täyttymistä tulvivasta vedestä.

Nuoret tupakoivat verannalla.

Ville Vallila menee takaisin sisään
Käpyyn. Räppäämään.

Ville alkaa puhumaan käpyläisille.

VILLE
Hei nyt olis aika kerätä rahaa ulkomaille
menoa varten. Mutta ensin täytyy tehdä
jotain muuta. Onkohan tässä sohvan alla
salakäytävä alas?

Ville vetää sohvan pois paikoiltaan.
Hän menee katsoo lattian kohtaa
josta hän otti sohvan pois.

EXT. PYHÄJÄRVI. AAMU. 2016.

Ruutuun ilmestyy teksti:
Käpy, 2016.

INT. KÄPY. AAMU. 2016.

KATRI
Onkohan Tatua näkynyt missään?

SIRPA
Tatua? Miksi puhut hänestä koko ajan?

SILJA
Onko Villeä näkynyt missään?
Se on parempi kysymys.

KATRI
(nuorekkaasti ihaillen)
Mä näin sen Sokoksella pari päivää
sitten. Hän oli lihatiskin myyjänä.
Saanut työn sieltä.

SILJA
Onko lääkitys kunnossa?

KATRI
Joo, mutta hormonit hyrrää.

INT. MAANALAINEN KELLARI. ILTA. 2018.

Tallinnassa sijaitsevassa maanalaisessa
kellarissa Jonne Malmi seisoo valtaisan
karismaattisena violetissa takissaan
meikit naamalla. Hänen viereensä saapuu
hänelle työskentelevä mies joka on
selkeästi homo. Hän on todella komea.
Hänen nimensä on Jaan. He puhuvat
eestiksi.

JAAN
Halusit tietoa Linneasta?

JONNE
Anna sitä.

JAAN
Hän pitää puheen huomenna
Tallinnan keskustassa mutta
sitä ennen hän vierailee tapaamassa
ammattiyhdistyksen tyyppejä
kello 11.00 ja kello 12.00 hän
tapaa raksamiehiä.

JONNE
Kiitos, Jaan. Nyt töihin.

Jonne alkaa kävelemään toiselle
puolen huonetta.

Toinen selkeästi homo mies tulee
juttelemaan. Hänen nimensä on
Tomas.

TOMAS
Hei, Jonne. Kävimme miesten
kanssa juuri yökerhossa.

JONNE
Minäkin menen jossain vaiheessa.

TOMAS
Kannattaa tsekata baarit.
Sieltä saattaa löytyä vastarintaa.

JONNE
Jaa joku joka haluaa estää meidän
temppumme. Tai siis minun.
Mitä vittua te välitätte siitä?

TOMAS
Kyllä me välitämme.

Jaan katsoo Jonnea suoraan silmiin.

JAAN
Niin me välitämme.

JONNE
Haluan kuunnella nyt musiikkia.
Jokin mikä kuvaa tätä ihanteellisuutta.
Ja tätä veljeyttä.

JAAN
Tiedän mikä laulu sopii sinulle?
Juuri sinulle.

TOMAS
Laita se laulu soimaan.
Mennään yöhön.

Jonne, Tomas ja Jaan lähtevät

ulos kellarista aikeenaan lähteä yöhön.

Paradision Bailando-musiikkivideo
alkaa soimaan (sen kansainvälinen versio).
Se soi puolitoista minuuttia.

Ruutuun ilmestyy teksti:
BAARI-ILTA TALLINNASSA.

INT. TALLINNAN BAARI. MYÖHÄISILTA. 2018.

Tallinnan baarissa Mika ja Janne
keskustelevat yhdessä

JANNE
Huomenna Linnea aikoo pitää
puheen Tallinnan keskustassa.
Se on täynnä rakennuksia ja avoimia
tiloja joista ampua.

MIKA
Mitäköhän tässä tekisi sen estääkseen?

JANNE
Tämä on viimeinen ilta ennen
huomisaamua. Et ehkä pystykään
estämään sitä. Annoin sinulle kuitenkin
mahdollisuuden siihen.

MIKA
Aion huomenna tsekata tilanteen.
Aika on käymässä vähiin.

JANNE
Mikä tämä shotti on nimeltään?

MIKA
Pieni Marianne.

JANNE
Pieni Marianne.

MIKA
Toinen noista on salmiakkikola.
Mutta ethän sinä niistä mitään tiedä.

Kellon pyörimistä seinällä
näytetään. Aika kuluu.

Janne ja Mika katsovat
tyhjyyteen.

JANNE
Minusta salmiakkikola on
lohdullisempi juoma kuin
Marianne. Marianne on nainen.
Salmiakkikola on luotu miehille.

Janne ja Mika katsovat taas tyhjyyteen.

JANNE
Entä se ulottuvuus?

MIKA
Ulottuvuus?

JANNE
Niin, se arjen takainen ulottuvuus.

MIKA
Se oli vain joku filosofinen aatokseni
Tampereen kuluneesta vuosikymmenestä.

JANNE
Jokin ajatus?

MIKA
Ajatus...joka muistuttaa Spiritus Mundia,
en tiedä millainen se nykyään on.
Ajan henki, zeitgeist, sellainen yhteinen
pyörre joka arjen takana on.

JANNE
Muttet osaa selittää sitä itsellesi?

MIKA
En osaakaan. Olen luopunut siitä
ajatuksesta.

JANNE
Huomenaamulla Jonne Malmi valmistautuu
tappamaan Linnea Paasikiven joka elää
jossain tuolla, unelmineen ja ajatuksineen.
Mitä aiot tehdä?

MIKA
Yritän parhaani. Mutta...

JANNE
Mutta et pysty, et jaksa, et jaksa enää.

MIKA
Se Jonne on pirun kova vastus.

Kello pyörii eteenpäin seinällä.

Mika ja Janne katsovat taas tyhjyyteen.

Sitten Janne katsoo olutpulloaan.

JANNE
Mikä tämä olutmerkki on?

MIKA
Kölsch. Kölniläistä.

JANNE
Damn.

MIKA
Juuri näin.

He katsovat taas tyhjyyteen.

Kello pyörii taas eteenpäin.

JANNE
Entä Linnea?

Mika tuijottaa häntä pitkään.
Hän näyttää turhautuneelta.
Heiluttaa päätään tietämättömyytensä
merkiksi.

MIKA
Jos totta puhutaan olen aika
helvetin väsynyt tähän tehtävään.

EXT. TALLINNAN TYHJÄ KATU. YÖ. 2018.

Mika ja Janne kävelevät tyhjällä kadulla.

JANNE
” Kesäyössä, vaeltaa, lupauksein mun rinnallain.
Taluttaa mua mukanaan, saatan olla saatilla. Kesäyössä,
vaeltaa, Lammassaareen pitkospuin. Sanottuu en saa

sanaakaan, saatan olla saatilla."

MIKA
Ketä sinä ajattelet tuossa?

JANNE
Yhtä naista.

MIKA
Olet liian kännissä.

JANNE
Olet liian tajuamaton.
Et tajua tätä vapautta.
Miksi sinä Linnean kuolemaa
yrität estää? Pidä hauskaa
välillä.

MIKA
Tuo on kännipuhettasi vain.

JANNE
Tämä oli 2010-luvun kantava kappale,
tiedäthän. Suomessa osattiin luoda
2010-luvusta klassikko. Taiteilijat
maalaavat ajasta musiikillaan tai
muulla taiteenlajilla kauniimpaa.
He voivat maalata aikakauden.

MIKA
Tai aikakauden kankaaseen kauniita
kuvia.

JANNE
Maalata aikakaudesta se mikä
se ansaitsee ollakin.

MIKA
Toisin kuin ulkomailla.

JANNE
Niin, suomalainen musiikki onkin
parempaa. Ulkomailla ei osattu
luoda ajasta kauniimpaa kun
levytysyhtiöt halusivat tehdä
rahaa eivätkä luoda taiteilijoita."

He laulavat epämääräisiä lauluja

kulkiessaan yön syvyyteen.

Yhtäkkiä tuntematon hahmo soittaa
kännykällään toisesta paikasta.

HAHMON ÄÄNI
Hei, Jonne. Aiotko tehdä sen?

JONNEN ÄÄNI
Aion tehdä sen. Mutta
vasta huomenna.

INT. TOIMISTO TALLINNASSA. YÖ. 2018.

Mika menee nukkumaan.
Hän alkaa näkemään unta.
Tyhjästä Kävystä.

MIKA
Miksi kutsuit minut tänne?

JOHANNA
Olen itse Käpy. Olen nainen ja
täynnä tunteita, täynnä rajoja
joita ei saa rikkoa.

MIKA
Tiedän sen ja arvostan sitä.
Ja niin arvostaa Jonnekin nykyään.
Paitsi ei ehkä Linnean tapauksessa.

JOHANNA
Tiedätkö sen että Jonne aikoo
räjäyttää Kävyn tuusan nuuskaksi?

MIKA
Mistä olet kuullut tuon?

JOHANNA
Kuulin eräistä lähteistä.
Huomenna tulet huomaamaan sen itsekin.

MIKA
Hei, mitä haluat sanoa minulle,
Johanna?

JOHANNA
Olet etsinyt totutta siitä
arjen takaisesta maailmasta,

etkö niin?

MIKA
Kyllä.

JOHANNA
Bibliotheca graffitina. Kaunis nimi.

MIKA
Kyllä, mitä haluat kertoa siitä?

JOHANNA
Haluan näyttää sinulle sen
arjentakaisen maailman mistä olet
halunnut tietää.

Mika innostuu.

MIKA
Voi, Johanna. Kerro se, äkkiä.
Haluan tietää. Olen tiedonhimoinen.

Johanna laittaa filmin pyörimään
Kävyn televisiosta.

JOHANNA
Tässä on pilluja, isoja pilluja seinällä.
Taidemaalauksia.

Maalaukset näkyvät filmillä.

JOHANNA
Seuraavaksi näytän kuolevaisuutta,
lihaa, paskaa, verta, spermaa.

Maalaukset näkyvät filmillä.

JOHANNA
Missä olit vuonna 2008?
Ennen Kävyn alkua.

MIKA
Voi, Johanna. Olet ihana.
Tämä koskettaa minua syvästi.

JOHANNA
Mutta missä olit?

MIKA
Olin Pitkäniemessä. 28-vuotiaana.

JOHANNA
Voi, Mika.

MIKA
Mikä se Bibliotheca graffitina sinun
mielestäsi on?

JOHANNA
Elämä itsessään. Nainen.
Naisen pillu joka vuotaa
inhorealismia, kesäyössä,
nuoruuden romantiikkaa,
kesäyössä.

MIKA
Kerro lisää.

JOHANNA
Kerro itse. Mikä Bibliotheca
graffitina sinun mielestäsi on?

MIKA
Tiedätkö sen tunteen kun olisi toinen
maailma musiikissa, toinen ulottuvuus,
toinen todellisuus?

JOHANNA
Niin...

MIKA
Se on maailma jota ei ole
tavallaan olemassa, tai ulottuvuus,
todellisuus, mutta silti se on meidän
kaikkien lähettyvillä.

JOHANNA
Sitä ei voi vain kuvata.
Pelkin sanoin.

MIKA
Niin. Olet oikeassa.

JOHANNA
Seinäkirjoitukset, graffitit,
päiväkirjamerkinnät...hurjat
tarrat, ilmoitustaulujen

muistiinpanot. Kaikki se
elämä on nuoruudessa,
kesäyössä, musiikissa,
ihmisten elämä
jokaisella vuosikymmenellä.
Se täytyy vain etsiä.

MIKA
Ja kun sen löytää, ei halua
siitä luopua.

JOHANNA
Juuri niin.

MIKA
Kiroilu, primitiivisyys, vitutus,
viha, vittumaisuus, huutaminen,
riidat. Kaikki se myös.

JOHANNA
Ja kaikki se mitä ei voitu muutenkaan
sanoa, kaikki ne kielletyt, vaietut rakkaudet
joista ei saanut puhua.

MIKA
Kuin kangas johon kaikki maalaavat
oman jälkensä, tai kuin sarja kankaita
joka vaihtuu joka päivä.

JOHANNA
Ja se kangas koostuu kaikista niistä
kirjoituksista ja puheista joita vuosien
varrella on saatu aikaiseksi, puhuttu,
kirjoitettu, elämän hallitsemattomassa
pyörteessä.

MIKA
Kangas...

JOHANNA
Niin, kangas...kuin taideteos.
Sitähän Käpy on.

MIKA
Ihana Johanna.

INT. TALLINNAN TOIMISTO. AAMU. 2018.

Mika herää unestaan krapulaisen

pahanoloisena.

Hän tutkii Dokumentti-kirjasta taas
uusia yksityiskohtia.

MIKA
Aah, Dokumentti.

Mikaa lukee kohdan jossa lukee näin:

"Jonne Malmin kerrotaan tekevän helposti
räjähteitä kotonaan. Ja hän aikoo käyttää näitä
räjähteitä. Siinä kerrotaan myös että
hänellä on Tampereella ystävä joka
harrastaa räjähteitä."

MIKA
Jonne aikoo räjäyttää Kävyn!

Mika kävelee hetken ympäri toimistoa.

MIKA
Aion...sallia...hänen...tappaa...
Linnea...valitettavasti...
mutta yritän parhaani...
estääkseni sen.

INT. AUTO. AAMU. 2018.

Mika ajaa autoaan kohti Tallinnan keskustaa.

Hän ajaa noin kolme minuuttia eri
suuntiin.

Mika puhuu älypuhelimeensa.

MIKA
En löydä Linneaa. Missä hän on?

JANNE
Aja lähemmäs sitä hotellia josta
kerroin.

MIKA
En löydä Linneaa.
Täällä on liikaa ihmisiä!

Yhtäkkiä hän huomaa varastorakennuksessa
tuntemattoman hahmon.

Hän menee varastorakennukseen joka on tyhjä.

Samalla kuuluu laukauksia.

                MIKA
                Linnea.

Mika katsoo varaston läpi, se on
tyhjä.

INT. TOIMISTO TALLINNASSA. MYÖHÄISILTA. 2018.

Mika Varis katsoo uutislähetystä,
jossa kerrotaan että Jonne Malmi
on tappanut Linnea Paasikiven.

Uutislähetyksessä näkyy
Jonne Malmin kuva.

Sitten näkyy Linnea Paasikiven kuva.
Kuva on rähjäinen ja epämääräinen.
Linnea näyttää siinä viehättävältä,
platinablondilta, jolla on muhkeat,
punaisiksi värjätyt huulet.

                MIKA
        Jotenkin tiesin sen tapahtuvan.
              Olisi pitänyt uskoa
                  sc itsekin.

                JAAKKO
        Niin, onneksi Pinja ja Aurora
                ovat kunnossa.

                MIKA
        Mutta aika lähellä se kävi.

                JAAKKO
        Perkele, sinun täytyy saada
              tuo tyyppi kiinni.

                MIKA
                Niin.

                JAAKKO
            Mutta mitä?

MIKA
Kuulin että Jonne olisi Virossa
sen vuoksi että Riikka-Mari oli
yhdessä parin muun tyypin kanssa
kiristänyt Jonnelta ja hänen
perheeltään rahaa. En mä tiedä,
minulla alkaa vähän käymään
sympatiat Jonnen puolella.

JAAKKO
Mutta miksi? Hänhän on
rikollinen ja saastaa.

MIKA
Olen nähnyt paljon pahempia
tyyppejä, paljon enemmän saastaa
tämän elämäni varrella.

JAAKKO
Oliko häntä kiusattu siis jo
Käpyä ennen?

MIKA
Oli. Vuosina 1999-2009.

JAAKKO
En pidä häntä minään mallikansalaisena
silti.

MIKA
En minäkään. Silti kauhistuttaa,
myös kaikkien muidenkin nuorten
puolesta se...

JAAKKO
Se mikä välinpitämätön viidakko
tämä maailma on.

MIKA
Kyllä.

JAAKKO
Siksi minä haluan tehdä työtä
nuorten parissa, puolustaen nuoria
ja koko yhteisöä. Yhteisöllisyyttä.

EXT. TALLINNAN YÖKERHO. YÖ. 2018.

Janne soittaa täysinäisestä yökerhosta.
Hän ei kuule Mikan puhetta kunnolla,
sillä juhlijat äänehtivät niin kovaa.
Hän pakenee yökerhon vessaan.

MIKA
Kerro minulle Jonnesta?
Haluan löytää hänet heti.

JANNE
Minulla on kaikki tieto, ystäväni.

MIKA
No anna tulla.

JANNE
Mistä haluat tietää?

MIKA
Jonnen Viron touhuista.

JANNE
Jonne oli mukana
tallinnalaisessa jengissä,
sen nimi oli Blackestonia.
He olivat mustia ja latinoja pääosin
mutta Jonne oli ainoita valkoihoisia
siinä. Sivistynyt, korkeakulttuuria
ja rap-musiikkia rakastava ryhmä.

Uhkaavan karismaattinen
musta rap-musiikki
alkaa soimaan.

MIKA
Oliko hän johtoasemassa?

JANNE
Kyllä.

MIKA
Siinäkö hän päätti
lopullisesti sen että tappaa Paasikiven?
Ja jengiläiset kuulivat sen?

Janne nyökkää myöntyen.

Takauma: pimeässä huoneessa,
Jonne puhaltaa ulos tupakansavua
(french inhale) äärimmäisen karismaattisena
dramaattisen karismaattisen
musiikin soidessa taustalla.

JANNE
Sitten hän osallistui huumekauppoihin,
hasista ja kannabista. Ja sai asenteellaan
jengiläisten kunnioituksen.

Joukko mustia miehiä seisoo
poseeraten kovana ja tyylikkäänä
hylätyn varastotalon pimeässä,
varjoisessa huoneessa.

JOUKKO MUSTIA MIEHIÄ
"Jonne oli kovin heistä kaikista,
valkoisista hyvinvointilapsista
Jonne oli viisain heistä kaikista
emmekä tajunneet hänen vihaajiaan
Me olimme kirjallisia terroristeja
Ensin ja sitten eroottisia politikkoja,
ja sitten vasta rikollisia."

JANNEN ÄÄNI
Pian, saman vuoden jouluna, eli 2017,
hän tapasi Kukka-Maaria Dahlmanin.
Kukka-Maaria oli silloin 45-vuotias ja Jonne
28-vuotias. Heidän ikäeronsa herätti paljon
ihmetystä eri puolilla, myös Blackestonian
jengiläisissä. Heidän selkänsä takana puhuttiin
usein paljon pahaa suhteen takia.

Samaan aikaan takaumassa Jonne tuo kukkakimpun
Kukka-Maarialle joka istuu Tallinnan talonsa
olohuoneessa.

JANNEN ÄÄNI
Hän oli Kukka-Maarian kanssa enimmäkseen
kuitenkin välinpitämätön, vähäpuheisen varautunut.
Hän oli paljon matkoilla ja paljon muualla. Ja kun hän
tuli joskus harvoin kotiin, hän ei katsonut usein Kukkaa
silmiin. Ei tämä nainen tiennyt Jonnen hämäristä puuhista,
vaan rakasti tätä älykkönä, intohimoisena älykkönä,
jonka kanssa sai keskustella romanssin alussa
kirjallisuudesta ja kaikesta muusta. Jonne oli ateisti ja
vältteli kristittyä aviovaimoaan. Heidän suhdettaan
pidettiin aika erikoisena.

Kukka-Maaria näkyy valokuvissa. Hän on
totinen, sivistyneen ja siveän äidinkielen opettajan
näköinen. Hän on kaunis käpertyneen siveällä tavalla.

JANNEN ÄÄNI
Jonne on klassisen sivistyksen ystävä ja
täynnä periaatteita, linjaa. Hän joutui sen
takia ongelmiin arvorelativistisen
keskustelukulttuurin kanssa. Häntä myös epäiltiin
siitä ettei hän oikeasti lukenut niin paljon mutta
on oikeasti todella sivistynyt mies joka tietää
asioista paljon. Kintulammen saunassa naiset...

MIKAN ÄÄNI
Mitä?

JANNEN ÄÄNI
No naiset puhuivat kuulemma hänen
seksuaalisuudestaan. Epäilivät häntä
homoksi ja haukkuivat häntä mitä
alhaimmilla nimillä. Hän oli lausunut
naisista, siitä miten naiset valitsivat
miehikseen vaikka pahoja miehiä kuin
ikinä jotain ujoa hiljaisempaa miestä.
Myöhemmin hän kuitenkin luopui näistä
mielipiteistään, ainakin tietojeni mukaan.

INT. KINTULAMMEN SAUNA. ILTA. 2013.

Aurora, Amalia, Petra, Katja,
Essi, Laura ja Riikka-Mari ja Johanna ovat
yhdessä saunassa Kintulammella.
He ovat alasti ja huokuvat nuoren
naisen seksuaalisuutta.

KATJA
Mitä olette mieltä siitä mitä Jonne
sanoi keskusteluryhmässä?

ESSI
Mielestäni hän on säälittävä.
Ihan kuin hän päättäisi ketkä
saavat löytää toisensa.

PETRA
Mielestäni hän on söötti.
Mutta täysin väärässä.
En kuitenkaan ala vihaamaan

häntä.

ESSI
Ei tuollaista miestä voi sietää.

KATJA
Mutta hänhän vain sanoi oman
mielipiteen. Sanoin hänelle
tuolla ulkona että nainen saa
kyllä sanoa omia mielipiteitään
miehistä muttei mies naisista.

ESSI
Mutta hän vain yrittää provosoida
koko porukkaa, koko yhteisöä.
Ei hänen mielestään varmaan
yhteisöllisyys tee ihmiselle
hyvää, tekisi hänelle hyvää.
Hän on niin itsekäs.

LAURA
Hän on niin täynnä sellaisia
outoa, kyynistä energiaa.
Sellainen ruma otus joka
haluaa vain kostaa kaikille.

ESSI
Ehkä mä voin uhrata hänelle
oman ruumiini ja Kävyn
ohjaajat voi ylpeillä vieressä.

LAURA
Auts. Tosi hyvin sanottu.

ESSI
Menen sanomaan tuon saman
asian mutta eri tavalla tuonne ulos.

PETRA
Muttei hän varmaan tarkoita pahaa.
Hän pitää niistä vanhemmista naisista.

LAURA
Iske siihen heikkouteen.

ESSI
Mä muistan kun meillä oli se
Barcelonan matka, niin
oltiin puistossa pitämässä ryhmää

ja Jonne ei pystynyt istumaan
puiston nurmella vaan vaihtoi
asentoa ja lopulta alkoi seisomaan
ja lähti sitten toiseen päähän puistoa.

Naiset nauravat yhdessä.

LAURA
Mä lähinnä nauroin vain mielessäni
siinä hetkessä.

AMALIA
Silti, ihan kiva matka se hänelle oli.
Mä mietin vain sitä että mistä hän
saa kiksinsä.

PETRA
Mikä sinua vaivaa, Katja?

KATJA
Poikaystävä vähän suuttui minulle,
tai oikeastaan aika paljon.

Naiset lohduttavat Katjaa,
ja sanovat yhteen ääneen: vou.

ESSI
Minä menen ulos nyt.

LAURA
Minäkin menen.

JANNEN ÄÄNI
(puhuu Mikalle puhelimessa)
Sitten tapahtui rikos. Kuin pimeyden väliintulo.

EXT. TALLINNAN SIVUKUJA. ILTA. 2016.

Pimeällä sivukujalla miespuolinen rikollinen yllättää
Jonnen ja Kukka-Maarian. Mies lyö Kukka-Maarian
maahan. Sitten hän haastaa Jonnen tappeluun joka
kaatuu kun mies lyö häntä monta kertaa.

Rikollinen ampuu Kukka-Maariaa vatsaan ja lyö
hänet tajuttomaksi ja lyö samalla Jonnen maahan
taas yhden kerran paeten sitten paikalta kahmien
mukaansa Kukka-Maarian käsilaukun.

Kamera kuvaa maata sammakkoperspektiivistä

samalla kun rikollinen pakenee autolla.

Jonne siirtyy Kukka-Maarian äärelle huolehtien
että hän tokenisi, ja sanoo hänelle hellästi: "kulta, herää...
herää, kulta."

Sitten hän sivelee Kukka-Maarian päätä, jonka
hän kallistaa hänen käsiensä suojiin. Kukka-Maaria
tokenee hitaasti.

Jonne katsoo häntä silmiin sivellen hänen poskeaan.

CUT TO:

INT. YÖKERHON VESSA. YÖ. 2018.

JANNE
Haloo? Kuuluuko?

MIKA
Linja vähän pätkii.

JANNE
Okei. Jonne on nähty
erään luoteis-Tallinnassa
sijaitsevan rakennuksen katolla,
tarkemmin sanottuna pari ystävääni
näki hänet siellä. Voin antaa
osoitteen, kun nyt etsit häntä.

MIKA
Anna se.

EXT. RAKENNUKSEN KATTO. YÖ. 2018.

Jonne seisoo rakennuksen katolla.
Hänellä on yllään violetti puvuntakki.
Hänen hiuksensa ovat pitkät, kuin
Jokerilla ja hän on meikannut
itsensä androgyyniksi. Dramaattisen
karismaattinen musiikki soi taustalla.

Hän hymyilee.

Kun hän kääntää katseensa,
Mika Varis saapuu hänen
eteensä.

JONNE
Hei, olenkin odottanut sinua.

MIKA
Olen taas etsinyt sinua.

Jonne ottaa aseen taskustaan,
Mikan tehdessä samoin.

JONNE
(vitsikkään hämmästyneenä)
Vou, vou.

MIKA
Missä sytytin on?

CUT TO:

INT. KÄPY. YÖ. 2010.

Ruutuun ilmestyy teksti:
Käpy, 2010.

Jonne ja muut makaavat patjoillaan
Kimi-nimisen meikatun miehen
kulkiessa mustassa puvuntakissa
pitkin Kävyn olohuonetta.

KIMI
Mä haluan tutkia koko Kävyn
paikan kun muut nukkuvat,
kaikki naiset.

JONNE
Hei, Kim, ole nyt hiljaa
välillä että muut saavat nukkua.

KIMI
Ole sinä hiljaa Kävyn arkisina
päivinä, niistähän ne kultaiset
muistot ovat tehty.

JONNE
Vittu.

Muutamat kuorsaavat.

KIMI
Vittu mikä konsertti täällä,

ihmiset kuorsaavat. Ei
taida Jonne saada naista
lähiaikoina.

JONNEN ÄÄNI
(ajattelee)
Miksi ihmiset vihaavat minua koko
ajan, tällä hetkellä minua kiusataan
ja aina kun sanon jotain, minua
vastustetaan kuten Kimi tekee.

Kimi ottaa selfietä itsestään
makaavan Jonnen äärellä.

KIMI
Ollaan yötä Kävyssä. Ja
tämä on yksi nuoruuden kirjastomme
kohokohdista. Tämä suuri tarina.

Jonne puuskahtaa turhautuneena.
Ville Vallila tulee huoneeseen.

VILLE
Hei, älä nyt Jonnea kiusaa.

KIMI
Miksen?

VILLE
Älä kiusaa Jonnea, Kimi.

INT. ASUNNON OLOHUONE. ILTAPÄIVÄ. 2016.

Ylellisessä olohuoneessa seisovat
Aurora ja hänen isänsä Ilkka.

ILKKA
Olet valmiina rakastamaan
elämäsi miestä eli Ville
Vallilaa. Miltä sinusta tuntuu
tämän sinun valintasi?

AURORA
Se tuntuu ihanalta ja oikealta.

ILKKA
Miten aiot antaa hänen
kohdella sinua?

AURORA
Tiedän että hän tulee kohtelemaan
minua hyvin. Minä rakastan häntä
todella paljon ja hän rakastaa minua
todella paljon.

ILKKA
Oletko valmis suhteeseen?

AURORA
Olen valmis suhteeseen.
Antaumuksellisesti tahdon antaa hänelle
kaikkeni. Kaiken rakkaudestani.

ILKKA
Okei.

Aurora lähtee huoneen toiselle
puolelle. Hän kävelee ympäri huonetta.

AURORA
Olen rakastanut montaa miestä.
Mutta Ville on heistä kaikista sopivin.

ILKKA
Minäkin rakastan häntä kuin
omaa poikaani. En halua sinun
luulevan etten halua häntä
perheeseemme. Entäs Tatu?

AURORA
Tatu. Hän on hieno mies mutta
rakastan enemmän Ville Vallilaa.

ILKKA
Tatu. Hänellä on hyvät geenit.

AURORA
Ja hän on hyvin komea mies,
mutta valitsen Villen.

ILKKA
Suloinen, Aurora.
Sinä olet hieno nainen.
Mutta sinusta tulee vielä
suurempi nainen.

AURORA
Kiitos.

ILKKA
Sinä olet kasvatukseni hedelmä.
Sen korkein kruunu.

EXT. RAKENNUKSEN KATTO. YÖ. 2018.

Jonne lyö Mikaa kasvoille Mikan kaatuessa.
Mika lyö Jonnea kasvoille, Jonnen iskiessä
häntä aseella naamaan, vetäen puukon taskustaan
iskien häntä sillä sääreen.

INT. KÄPY. YÖ. 2010.

Kimi ottaa selfien hänestä ja Jonnesta.
Jonne näyttää valokuvassa väsyneeltä
ja rumalta.

KIMI
Olen paljon paremman näköinen
kuin sinä. Etkä voi sille yhtään mitään.

Jonne puuskahtaa taas turhautuneenaa.

KIMI
Hei, Jaakko!

Jaakko saapuu
miehekkään ryhdikkäästi paikalle.

JAAKKO
Niin, Kimi.

KIMI
Jonne on nukkumassa.
Minun täytyy puhua sun
kaa kuntoutusasioista.

JAAKKO
Hyvää yötä, Jonne.

Jonne nukahtaa syvään uneen.

EXT. RAKENNUKSEN KATTO. YÖ. 2018.

Jonne on korkean toimistorakennuksen katon
päällä pitelemässä Mikaa allaan, Jonne puhuu
mysteerisen kumealla, brittiläisellä

aksentilla vaikka puhuu suomea.

                    JONNE
Haluatko tippua tuonne? Minä en haluaisi.

                    MIKA
Et sinä tiputa minua tuonne.

                    JONNE
En haluaisi sen tapahtuvan koska
olet niin älyllinen mies.

Jonne alkaa nauramaan
karismaattisen hysteerisesti.

Jonne raahaa Mikan kauemmas
katon reunalta.

                    JONNE
Tässä maailmassa sinua ei uskota jos
kaikki on hyvin. Jos kaikki on huonosti,
muut ovat tyytyväisiä. Auttaminen perustuu tähän
ajatukseen, tiesitkö sen?

                    MIKA
"Kaikki asiasi ovat aina huonosti mutta
minä tiedän mikä sinua auttaa."

                    JONNE
"Ja tiedän sen paremmin kuin sinä itse."

He naurahtavat yhdessä samaan aikaan.

Jonne tuijottaa tummilla silmänalusillaan
ja avonaisella suullaan tyhjyyteen, yön
pimeyteen.

                    JONNE
Toisaalta, murheeni ovat niin pieniä.

Jonne tuijottaa pimeyteen sulkien suunsa.
Jonne osoittaa aseella Mikaa,
sitten takaa ilmestyy yllättäen
lihaksikas Jaakko joka ottaa Jonnen
selän takaa otteisiinsa.

Hän pudottaa Jonnen. Jonne putoaa alas kuin heiveröinen
pieni ressukka. Jonne nauraa ja hymyilee hullusti pudotessaan
maahan.

Mika katsoo tyhjyyteen väsyneenä.

Jonne on kuollut.

Mika nousee ylös.

MIKA
Hei, mistä tiesit että joutuisin
pulaan?

JAAKKO
Tunnen sinut ja tunnen Jonnen.

MIKA
Kiitos.

EXT. TAMPERE. AAMU. 2018.

Tampere näkyy sammakkoperspektiivistä.

EXT. KÄPY. AAMU. 2018.

Ville Vallila ja Juhana Metso
ovat Kävyn verannalla.
Ville polttaa tupakkaa, Juhana ei.

VILLE
Kiva ilma.

JUHANA
Tosi mukava.

VILLE
Mitäköhän Jonne puuhaa nykyään?

JUHANA
En tiedä, mutta hän lähetti terveisiä
sinulle sieltä Tallinnasta.

VILLE
Ai, mukava kuulla.

Yhtäkkiä Aurora saapuu Kävyn
verannalle.

AURORA
Hei, Ville Vallila.

Minä tulin kertomaan että tahdon sinua.
Ja että haluan sinut elämäni
mieheksi.

VILLE
Ihana Aurora. Hienoa kuulla!

Aurora ja Ville halaavat
ja sen jälkeen he suutelevat.

Juhana taputtaa.

Toni saapuu verannalle, samoin
kuin Marko.

TONI
Hei, kuulitteko uutisen?

VILLE
Minkä?

TONI
Jonne on kuollut.

VILLE
Voi ei.

AURORA
Mihin hän kuoli?

TONI
Putosi katolta, hän teki
itsemurhan.

JUHANA
Voi.

MARKO
Mennään sisälle.

INT. KÄPY. AAMU. 2018.

Kävyssä on 15 ihmistä keskustelemassa
istuen sohvilla.

SILJA
Hyvää huomenta kaikille käpyläisille.
Olemme saaneet suru-uutisen.
Menetimme Kävyn ex-kävijän Jonne Malmin

viikonloppuna.

JOHANNA
Mihin hän kuoli?

SILJA
Tarkemmin sanottuna...

SIRPA
Jonne on tehnyt itsemurhan.

VILLE
Onko itsemurha varmasti ¨
se oikea syy?

SILJA
Kyllä on.

VILLE
Kuulostaa sellaiselta mitä Jonne
ei tekisi.

SIRPA
No mutta mitä mietteitä hänen
kohtalonsa herättää teissä?

AURORA
Hän oli hyvin salaperäinen mies,
en hirveästi ehtinyt jutella hänelle.

SILJA
Ei kukaan meistä ehtinyt.

JOHANNA
Hän oli todella erikoinen mies.

SIRPA
Hänellä oli omat juttunsa siellä
Tallinnassa. Tuskin meidän on
peiteltävä tätä mutta hän osallistui
rikollisiin toimiin ja tappoi Linnean
eli ent. Olli-Pekan.

VILLE
Voi, en tiennytkään tuosta.

SIRPA
Kyllä, hän laittoi meidät kaikki
huonoon valoon. Nyt Kävystä

tehdään dokumenttia.

VILLE
Mitä mieltä sinä olet kaikesta
tästä, Silja?

SILJA
Joskus tuntuu että kaipaan häntä
tänne. Joskus taas tuntuu että
en halua häntä tänne enää yhtään.

JOHANNA
Hän oli raukka. Mutta sellainen
hän oli.

PETRA
No lepää rauhassa, Jonne.

EXT. SEINÄ. ILTA. 2018.

Päiväkodin ryhmän yhteinen valokuva näkyy seinällä.
Mika katsoo sitä toimistonsa ilmoitustaululta.

Mika on saanut kirjeen toimistoonsa.
Hän avaa sen.

JONNEN ÄÄNI
Hei, Mika. Ajattelin vain kirjoittaa tämän sinulle.
Sillä tiesin että kuolisin tämän matkan aikana,
olin jo suunnitellut sen, ja tiesin sinun jahtaavan
minua. Tiedäthän? Minä olin se mies joka lähetti
sinulle sen kirjan, tai välitti. Ajattelen erästä
Kävyn Annaa, joka saattaa olla kuvitteellinen
tai saattaa olla tottakin. Ainakin minä olen
tavannut hänen muutamaan otteeseen, hän on
hyvin kohtelias nainen. Hyvin elegantti ja
sydämellinen. Kuvittelen Annan junaan
joka kulkee läpi Suomea kohti Pohjoista
jota hän niin rakastaa, Lappia.

JONNEN ÄÄNI
Anna kirjoitti junassa kahden vaunun väliosassa.
Tiedäthän? Se väliosa joka johdattaa toiseen vaunuun.
Se oli vuosi 2010. Kun minä olin Kävyn lastentarhassa
samaan aikaan. No en minä katkera siitä ole. En enää.
Ajattelen Chopinin Spring Waltzia joka soisi Annan
kulkiessa junassa ja hänen pysähtyessään junaan väliosaan.

INT. JUNA. KESKIPÄIVÄ. 2010

Chopinin Spring Waltz alkaa soimaan. Anna näkyy junassa
kulkemassa eteenpäin päätyen kohti junan "väliosaa".

JONNEN ÄÄNI
En minä mitään Käpyä halunnut tuhota. En minä
aikonut räjäyttää sitä. Enkä lopulta halunnutkaan.
Mutta samaan aikaan kun Anna oli tuossa junassa
niin minä olin Kävyssä ja tunsin itseni osittain
kuin lapseksi, osittain kuin päiväkerholaiseksi. Olinhan
minä kehittynyt seksuaalisesti ja sosiaalisesti
hitaasti, paljon hitaammin kuin useimmat muut.
Mutta kuka tämä kuvitteellinen Anna
sitten on? Anna joka kulki junan väliosassa matkaten
ihaniin nuoruuden lähteisiinsä. Nuoruuden
komeisiin miehiinsä. Nuoruuden festivaaleihinsa.
Nuoruuden tapahtumiinsa. Nuoruuteen jonka hän
niin ihanasti omisti. Ehkä hän on joku jonka tunnet,
joku jota miehet haluavat rakastella. Mutta
kuka minä olin?

Anna kirjoittaa päiväkirjaansa merkintöjä
junan väliosassa. Spring Waltz soi edelleen taustalla.

Sitten Anna kulkee junassa eteenpäin.

JONNEN ÄÄNI
(eestiksi)
Niin, minulla on vielä yksi asia
kerrottavanani sinulle, Mika.
Olin ennen kuolemaani
kirjeenvaihdossa erään
azerbaijanilaisen naisen kanssa
joka asui Pietarissa. Hän halusi
päästä opiskelemaan Tampereelle.

Mika lukee kirjettä.

MIKAN ÄÄNI
(eestiksi)
Kerroit hänelle rakkaasta
ystävästäsi, Turkissa syntyneestä
Cenkistä joka kävi Kävyssä
vuosina 2009-2012.
Ajattelit että Cenk ja Layla
sopivat toisilleen kuin nenä
päähän. Cenk ei osannut
katsoa ihmisiä silmiin

koska oli niin ujo, tai
sitten sairautensa takia.
Hän oli erakoitunut omaan
kotiinsa. Luulit Laylan olevan liian
vahva hänelle, pelkäsit sitä.
Pelkäsit sitä niin paljon
koska välitit niin paljon.
Mutta sitten Layla kertoi
ettei hänkään halunnut katsoa
ihmisiä silmiin. Te kirjoititte
toisillenne kirjallisuudesta,
etenkin englanninkielisestä.

Spring Waltz soi edelleen taustalla.
Mutta hiljaisemmin.

JONNEN ÄÄNI
(eestiksi)
Mutta samaan aikaan tiesin että
Layla sopisi Cenkille. Kehuin hänen
ulkonäköään ja älykkyyttään. Cenk
ihaili minua koska olin kirjailija.
Layla vihasi väkivaltaa, halveksui
sitä. Hän kirjoitti minulle kuinka
vihasi rikollisuutta ja tunsin kai
syyllisyyttä siitä. Ja häpeää.

Mika käy Jonnen asunnossa jossa on
kuva Cenkistä ja Laylasta hymyilemässä
yhdessä pidellen käsistä toisiaan kiinni.

Spring Waltz loppuu.

INT. PÄIVÄKOTI. KESKIPÄIVÄ. 1993.

Ulkona sataa. 6-vuotias Jonne Malmi poseeraa
ryhmän yhteisessä valokuvassa.

Valokuva jää hetkeksi ruudulle.

Sitten hän lähtee kuvahetkestä poispäin.
Valokuva näkyy ruudulla.

Muut ryhmäläiset lähtevät ruokailemaan, Jonnen jäädessä
lukemaan kirjaa, jonka hän ottaa repustaan ulos. Jonne on
siilitukkainen ja luonnollisen oloinen mutta tuima. Olli-Pekka
huomaa hänet. Hän on raamikas, paksukätinen- ja jalkainen
pitkä positiivinen mies.

OLLI-PEKKA
Hei, mitäs sinä Jonne luet siinä?

JONNE
(moukkamaisen ujosti)
Keatsin koottuja englanniksi. Kirjastosta.

OLLI-PEKKA
Ai, minä en olekaan tutustunut siihen.
Mutta tiedän kyllä siitä jotain.
Tiedän myös paljon
maailmanhistoriasta.
Miten sinä noin syvällisiä luet,
olethan vasta lapsi.

JONNE
Olen kiinnostunut lukemisesta.
Ymmärrän kirjoja.

OLLI-PEKKA
Se on hienoa...mutta
luulisin ettei tulevaisuudessa
kenenkään tarvitse lukea
enää kirjoja.

JONNE
Mistä sinä sen tiedät?

OLLI-PEKKA
Koska maailmasta tulee
vapaampi ja kiireisempi...
maailma verkostoituu ja
monimutkaistuu.

JONNE
En ole samaa mieltä...
maailma tarvitsee runoilijoita,
runoutta, runokirjoja, klassikkojen
arvostamista.

OLLI-PEKKA
Ymmärrän toki. Mutta
minä näen ihmisen roolin
toisenlaisena...näen ihmisen
yhteiskunnan tekijänä enkä
passiivisena lukijana.

JONNE
Oletko sinä tyhmä?

OLLI-PEKKA
(naurahtaen)
Ei, en todellakaan.

JONNE
Minäkin tiedän paljon maailmanhistoriasta.

OLLI-PEKKA
Tunnetko historian tunnettuja naisia?

JONNE
Naisia.

Tauko.

JONNE
Minä olen aina ollut kiinnostunut naisista,
niin historiassa kuin todellisessa elämässä.
Katson naisia kunnioittaen. Tiedän että nainen
on inspiroinut lukemattomia eri taiteilijoita
luomaan mahtavia teoksiaan.

OLLI-PEKKA
Sanoisin että se on inspiroinut
kaikkia miespuolisia taiteilijoita.

JONNE
Tiedän tämän...tiedän tämän kyllä.

OLLI-PEKKA
Minusta nainen on se suuri tuntematon,
jonkakaltaisia on vaikea tavoittaa ja
joka on yksi elämän mahtavista testeistä.
Et ehkä tiedä sitä vielä mutta tulet ehkä
tietämäänkin tämän.

JONNE
En ajattele tuollaisia asioita.
Perustin kyllä oman kirjakerhon
tänne päiväkotiin.

OLLI-PEKKA
Kuinka monta osallistujaa
siinä on?

JONNE
Kolmaosa ryhmästä mutta
minä johdan sitä,

johdatan muita ja muut
yrittävät tulla perässä.

OLLI-PEKKA
No sehän on hyvä juttu...

Jonne ajattelee mielessään:
"perkele kun hän on typerä...
ja oksettava...kohtelias kylläkin
mutta tunkee nokkansa muiden
asioihin...ei ihme että hän on
työelämässä...hän saa kontrolloida
muita ja tekee sitä huvikseen
kun hänellä ei ole muutakaan
tekemistä..."

JONNE
Nyt minun täytyy lähteä...
nimittäin kotiinpäin.
Rakastan kirjoja enemmän
kuin sinä...rakastan myös
vapautta...jota kaikki ansaitsevat
kokea...myös lukijat.

Jonne lähtee poispäin huoneesta.

JONNE
Mutta mielestäni naiset pystyvät
myös tuhoamaan miehen, tuhoamaan
tyhjäksi hänen taiteelliset pyrkimyksensä
arvorelativistisella tyhjäpäisyydellään.
Niin, ei siis aina. Mutta naiset eivät ole
ajattelijoita, paitsi silloin tällöin.
Eivätkä kyllä miehetkään, paitsi
silloin tällöin.

OLLI-PEKKA
Miehet ovat julmempia, naiset
hullumpia.

JONNE
Miehet ovat järkeä, naiset sydäntä.
Mutta paljon muuttujia löytyy.

INT. TALLINNAN TOIMISTON SEINÄ. 2019.

Valokuva näkyy vielä kerran seinällä.
sitten kuvataan Jonnen ensimmäistä
keskustelua Kukka-Maarian kanssa.

Smetanan Moldaun kaunein osa,
alkaa soimaan taustalla.

KUKKA-MAARIA
Hei, mikä nimesi on?

JONNE
Jonne.

KUKKA-MAARIA
Ai, minä olen Kukka-Maaria.

JONNE
Hauska tutustua.

KUKKA-MAARIA
Niin...

Jonne hymyilee hänelle,
Kukka-Maaria hymyilee
takaisin hellästi.

Moldau soi edelleen.

Tamperetta kuvataan lintuperspektiivistä
eri kulmista. Moldaun soidessa.

INT. TALLINNAN TOIMISTO. PÄIVÄ. 2018.

Käpyläiset ovat palanneet Lissabonin
reissultaan. He lähteävät paikasta ohjaaja
Siljan sanoessa hyvästit nuorille.

SILJA
Hyvää illan jatkoa kaikille ja
kiitos teille nuorille Lissabonin matkasta.

TATU
Laitetaan joku biisi soimaan.
Mikä se olisi?

SILJA
No laittakaa vaan. Minä lähden nyt.

KATRI
Laita Girl, You'll Be a Woman Soon.

TATU
Okei. Laitan.

Kaikki lähtevät Kävystä, paitsi
yksi kappaleen soidessa taustalla.

INT. KÄPYN TAKAHUONE. ILTAPÄIVÄ. 2018.

Riikka-Mari Vimma piirtää kuvia
omaan vihkoonsa samalla kun
Käpyä kuvataan hitaasti eri suunnista.
Riikka-Mari on jäänyt Käpyyn yksin.
Urge Overkillin tulkitsema Girl,
You'll Be a Woman Soon kuuluu
taustalla.

Ruutuun ilmestyy teksti:

Ote Riikka-Marin päiväkirjasta

1.2. 2015

RIIKKA-MARIN ÄÄNI
*Hanno ahdisteli mua taas. Tunnen hänen kouraiset kätensä vieläkin ympärilläni.
Tänään menen iltaan, seuraamaan kuinka rock-tähdet nussivat minusta harhani
pois. Seuraan sitä ulkopuolelta, kuin vieraassa ruumiissa, vieraassa ihossa,
vieraassa elämässä, kännisenä ja huumeisena. Toivon että pojat ottavat
nahkatakkinsa ja farkkuna alas ja tekevät minulle mitä haluan heidän tekevän.
Sillä en ole aikoihin saanut tehdä sitä mitä haluan tehdä. Muille.*

*Psykedelia. Logistiikka. Piirrokset. Piirtelen kuvia itsestäni, ja isoista kaluista
sisälläni. Logistiset rekat ajavat valtateitä joiden urat ovat kyrvänjälkiä pillussani.
Pilluni on punainen ja pehmeä.*

*Tampereen illassa tapahtuu jotain pimeää ja kauhistuttavaa. Pelon helvetinliekkejä
täynnä bensaa ja dieseliä. Inhottavia harhoja, joista minä joudun maksamaan,
jotka tartuttavat minuun energiansa. Yritän päästä huumeista eroon. Mutta se on
vaikeaa. Tosi vaikeaa tässä aikajaksossa.*

*Jonne on rakastunut minuun, tiedän sen. Hän yrittää leikkiä jotain outoa peliä,
jossa hänen eleet ja ilmeet ovat teatteria. Olen hurja nainen, hurjempi kuin hän,
Jonne joka ei ole kokenut elämässään juurikaan mitään. Säälittävä, pieni mies.*

*Huomenta. Nyt Jonne teki minulle sen mitä ei olisi koskaan saanut tehdä. Kostosta
tulee valtava. Olen neuroottinen. Kirjoitan nettiin asioita joita ei pitäisi kirjoittaa.
Näen harhoja musiikkivideoista ja kun kuuntelen musiikkikappaleita ne
vaikuttavat minuun liikaa. Käyn lukiota vaikka samalla kaduilla riennän kohti
huumehourehelvetillisen menneisyyteni pelkotiloja ja kauhuja. Jonne on Kävyn
säälittävin mies, on aina ollut ja aina tulee olemaan. Hän on niin nariseva ja
tunkkainen hahmo. Se inhottaa minua. Tunnen häntä kohtaan vastenmielisyyttä
ja niin varmaan monet muutkin tuntevat.*

Ajattelen Käpyä tekoina joita täytyy tehdä, asioina jotka täytyy hoitaa. Kävyssä puhutaan liikaa ja tehdään liian vähän. Kokonainen sosiaalityöntekijöiden liittoutuma on varattu sille että hoidetaan traumoja, jotka satuttivat menneisyydessä, samalla kun pitäisi alkaa elämään. Tietenkin, on se myös absurdia että ihmisiä ensin kiusataan joka yhteisössä ja sen jälkeen vielä hoidetaan turvallisemmassa yhteisössä, jotta nuo kiusaamisen arvet puhdistuisivat. Samaan aikaan kun muut elävät, kypsemmät ja vahvemmat yksilöt jotka ovat kiusanneet tai sitten jättäneet kiusaamatta heitä. Koko yhteiskunta tuntuu ajanhaaskaukselta. Ihmisten julmuus. Tai sitten aika joka parantaa. Jos parantaa ollenkaan. Mikä farssi.

Olen kapinallinen. Kapinoin maailmaa vastaan ja samalla kapinoin kai itseäni vastaan, yrittäen korjata menneisyyden virheeni. Minusta on sanottu että liikun väärien ihmisten kanssa, että olen ylimielinen ja ennakkoluuloinen. Se herättää minussa vihaa. Hakkasin eilen äitini koska hän puhui minulle samaa. No, hän on alkoholisoitunut eikä tiedä mistä puhuu. Olen alkamassa harrastamaan taas itsepuolustusta, hiomaan taitojani. Minua kiehtoo valta. Haluan vastuuta jotta voin saada vapautta. Haluan sopeutua yhteskuntaan, mutten vielä. Sitä ennen otan kaiken mitä aion saada. Puolustan julmuutta mielummin kuin nössömäisyyttä.

Victoria, yökerhojen kuningatar, kävi luonani. Myöhemmin tänä yönä, menemme yökerhoon tapaamaan naisia, iskemään miehiä. Odotan sitä innolla. Olen positiivisella tuulella vaikka minun täytyy piilottaa se ja esittää kovaa. Kuten Victoriakin tekee aina.

EXT. TUNNELI. PÄIVÄ. 2018.

Joukko Kävyn nuoria kävelee kohti
tunnelia. Tunnelissa jotkut heistä
istuvat ja jotkut seisovat.

INT. KÄPY. ILTAPÄIVÄ. 2015.

RIIKKA-MARIN ÄÄNI

Vicky keräsi kamppeensa ja lähti pois. Heräsin hirveästä krapulasta. Viime yönä olimme yökerhossa, me kaksi. Victorian miesystävä nussi minua. Minä nussin Victoriaa, nuolin häntä ja rakastelin dildolla. Nyt muistan enemmän. Victoria sai minut tuntemaan kuin olisin maailman huipulla, seksuaalisen pelin huipulla. Yökerhossa oli mies, joka sai kaikki naiset, vaikka hän oli tosi töykeä. Minä tavallaan pidän siitä miehissä, joskus. Yökerhossa oli myös yksinäisenä istuva, komea ja herkkä mies. Mutta hän ei saanut naista vaan häntä säälittiin. Minä en tiedä miksi hän oli päättänyt lähteä yökerhoon. Hän oli niin viaton, sympaattinen. Yökerhossa oli erilaisia huoneita, oli nuorten bilettävien lesbojen rauhallinen kapakka, autioituneempi tanssihuone jossa oli mustalaisnaisia vinkumassa luottokorttimaksuja sekä klubi-huone, jossa vallitsi täysi kaaos kaikkien pitäessä hauskaa ja puhuen temperamenttisen sekavasti ja sivistyneesti. Pidän siitäkin. Haluan olla kuin tunnelin seinä, kuin graffitin kivinen kangas, johon miehet tunkevat maalauksensa. Kuin nainen olisi itse nuoruus, nuoruus itse elämä ja maailmankaikkeus.

EXT. TUNNELI. PÄIVÄ. 2018.

Joukko Kävyn nuoria spreijaa tunnelin
seinään erivärisiä tekstejä.

Seinää näytetään kuvassa.

Siihen on spray-maalattu teksti:

KÄPY FOREVER

Girl, You'll Be a Woman Soon
soi taustalla lopputekstien aikana.

Loppu.